OS LIMITES AO ACORDO EM JUÍZO E AS GARANTIAS DO PROCESSO JUSTO

MAURO AUGUSTO PONCE DE LEÃO BRAGA

*Juiz do Trabalho Titular da MMª 5ª Vara do Trabalho de Manaus.
Professor da Universidade Luterana do Brasil — ULBRA/MANAUS — Disciplinas Direito
Processual do Trabalho I e II e Estágio Supervisionado V — Direito do Trabalho.*

OS LIMITES AO ACORDO EM JUÍZO E AS GARANTIAS DO PROCESSO JUSTO

EDITORA LTDA.

© Todos os direitos reservados

Rua Jaguaribe, 571
CEP 01224-001
São Paulo, SP — Brasil
Fone (11) 2167-1101
www.ltr.com.br

LTr 4754.9
Junho, 2013

Dados Internacionais de Catalogação na Publicação (CIP)
(Câmara Brasileira do Livro, SP, Brasil)

Braga, Mauro Augusto Ponce de Leão
Os limites do acordo em juízo e as garantias do processo justo / Mauro Augusto Ponce de Leão Braga. — São Paulo : LTr, 2013.

Bibliografia
ISBN 978-85-361-2553-4

1. Acesso à justiça 2. Garantias constitucionais — Brasil 3. Hermenêutica 4. Juízes — Brasil 5. Processo civil 6. Processo civil — Brasil 7. Processo decisório judicial I. Título.

13-03050   CDU-342.7:347.9(81)

Índice para catálogo sistemático:

1. Brasil : Garantias constitucionais no processo : Processo justo : Direito processual civil 342.7:347.9(81)

Dedico este Trabalho a Deus, meu Pai em todas as ocasiões, meus amados pais, José e Maria, minha mulher Taís, companheira inseparável e incansável, meu filho Rafael, exemplo de superação e de vida, e Tatiana, minha filha que tanto amo.

Agradeço a uma pessoa mais que especial, chamada Socorro, simplesmente Socorro, aquela que me socorreu em todos os dias que antecederam este momento, guardando e cuidando do meu Rafael e garantindo-me tranquilidade e paz para realizar meu mister. Sem você, nada disso teria sido possível.

Ao Tribunal Regional do Trabalho da 11ª Região que, mais uma vez, através de seus Desembargadores, autorizou meu afastamento para frequentar meu Doutorado.

Meu agradecimento eterno a uma grande trabalhadora e amiga, Rosilene da Costa Melo, ou simplesmente Rosi, que comigo esteve ao longo de três longos anos tendo, com sua dedicação, afeto e carinho, guardado minha casa e meu filho Rafael, dando-me condições de concluir esta jornada. Siga em frente, Rosi, e seja feliz.

À Universidade Estácio de Sá, pelo comprometimento com a Educação e com o Ensino de qualidade.

À Fundação de Amparo à Pesquisa do Amazonas — FAPEAM —, engajada na melhoria da qualidade dos profissionais de todas as áreas, em especial do Estado do Amazonas, que subsidiou meus estudos, financiando a integralidade do curso de Doutorado que ora se encerra.

SUMÁRIO

Prefácio — Humberto Dalla 9

1. Introdução 11

2. O poder judiciário no Brasil 17
   2.1. O poder judiciário nas constituições. Breves notas 17
   2.2. Novos horizontes. A Constituição Federal de 1988 33
   2.3. (Re) escrevendo a função do Judiciário a partir do acesso à justiça. Por um processo justo 38

3. A hermenêutica como instrumento para uma decisão justa 47
   3.1. Definição, função, sentido e história 47
      3.1.1. Definição, função e sentido 47
      3.1.2. De cânon de interpretação à hermenêutica filosófica: história 49
   3.2. Hermenêutica gadameriana 53
      3.2.1. Estruturação 53
      3.2.2. O círculo hermenêutico como estrutura prévia da compreensão em Heidegger e Gadamer 54
   3.3. O problema hermenêutico da aplicação 58
   3.4. A hermenêutica como tarefa teórica e prática 60
   3.5. A hermenêutica jurídica em Gadamer 62
   3.6. A questão hermenêutica em Lenio Streck 66

4. O juiz justo. A necessidade da justiça. O processo justo. O juiz como agente de preservação intransigente das garantias constitucionais no processo 70
   4.1. O homem e sua condição moral, ética e de dignidade humana 70
   4.2. A justiça e a injustiça para Aristóteles 74
   4.3. O juiz justo 85
   4.4. O processo justo 93
      4.4.1. A evolução do conceito de processo 93
   4.5. O juiz como agente de preservação intransigente das garantias constitucionais no processo 103

5. A conciliação como forma de justiça *distributiva* e *corretiva* de acordo com os preceitos de Aristóteles 116

5.1. Mediação, arbitragem e conciliação e seus limites a serviço da ideia de justiça 121

5.2. O papel do juiz justo na homologação de acordos em consonância com os princípios de justiça 133

5.3. A conciliação extemporânea ofende ao processo justo e à decisão justa? 138

Considerações finais 145

Referências bibliográficas 153

PREFÁCIO

Tive a oportunidade de conhecer Mauro Braga por ocasião de seu mestrado, na Universidade Estácio de Sá, aqui no Rio de Janeiro. Primeiro como aluno, depois como orientando.

Lembro-me bem da sua banca de defesa de dissertação. O texto, que depois veio a ser publicado sob o título de *Princípios constitucionais de direito do trabalho*, já chamava a atenção pela qualidade técnica. Além disso, a defesa foi brilhante e revelou que nascia ali um processualista capaz de trafegar com facilidade entre os institutos da teoria geral do processo e os meandros do direito trabalhista.

Posteriormente, regressou à mesma instituição e iniciou o curso de doutorado. Não foi um período fácil. Foram muitos os percalços. A cada dificuldade vencida, surgia outra a desafiar sua persistência. Mas Mauro, sempre ao lado de Taís, com o apoio incondicional dos pais e pensando no melhor para os filhos, não desistiu.

Confesso que nesses 17 anos em que leciono, 12 deles na pós-graduação, vi alunos desistirem por muito menos. Contudo, Mauro perseverou e seguiu sem se abalar. Vencidos todos os percalços, Mauro concluiu sua tese e defendeu-a perante a banca, alcançando o grau de Doutor em Direito com o trabalho intitulado *A higidez da decisão justa*. O texto foi adaptado e o resultado é o que você tem nas mãos neste momento.

Mauro sempre conseguiu conciliar as funções profissionais e acadêmicas. É juiz do Trabalho há 18 anos no Amazonas, tendo já passado por inúmeras comarcas, além de já ter lecionado em diversas instituições, estando, hoje, ligado à ULBRA.

Paralelamente, tem contribuído para a doutrina pátria com artigos especializados, como *O problema hermenêutico da aplicação*, publicado na Revista do TRT da 11ª Região, em 2003, e *Os equivalentes jurisdicionais como alternativa à jurisdição*, publicado na Revista da Faculdade de Direito do Sul de Minas, em 2007.

Esses predicados já seriam suficientes para garantir ao leitor a qualidade dessa obra. No entanto, há mais a ser dito quanto à excelência do texto.

Mauro propõe uma análise da decisão judicial não apenas a partir dos princípios constitucionais, mas, antes disso, tendo em vista o padrão filosófico de justiça, que deve se aplicar a ela, a fim de que se possa garantir a existência de processos justos.

Para chegar a essa ideia, Mauro aborda o tema a partir das seguintes premissas: inicialmente trata da evolução do Poder Judiciário no direito brasileiro e das funções desempenhadas pelos magistrados, sobretudo após a Carta de 1988. Após, enfrenta toda a problemática da função hermenêutica, estudando os principais conceitos apresentados nas obras de Heidegger, Gadamer e Streck.

Em seguida, debruça-se sobre a incidência do valor justiça e a relevância do juiz justo como agente de preservação das garantias constitucionais do processo.

Fixadas essas ideias, parte para o exame dos meios alternativos de solução de conflitos, delimitando o papel do juiz nesses instrumentos, à luz das premissas hermenêuticas.

Finalmente, coloca em perspectiva os limites para os acordos diante do que é justo, e o comprometimento do julgador com esse valor, independentemente do que foi pactuado pelas partes.

Nesse aspecto, é possível perceber toda a riqueza do texto, sobretudo nos dias atuais, quando muito se fala em prestigiar e incentivar o uso dos meios alternativos.

Nesse sentido, o discurso que acaba sendo veiculado na mídia, e mesmo as metas que costumam ser impostas aos magistrados, podem passar a falsa impressão de que os acordos são sempre benéficos. Tal ideia traz um grave efeito colateral: os meios consensuais passam a ser valorizados não como formas de pacificação, mas sim como filtros processuais, instrumentos para reduzir o quantitativo de processos a serem julgados, o que pode levar, em última análise, a uma decisão injusta.

Como se percebe facilmente, é um tema atual, de grande relevância prática e escrito por um autor com larga experiência acadêmica e prática.

Em vários momentos da obra é possível perceber a sensibilidade do juiz Mauro a partir das ideias concebidas pelo professor Mauro. O resultado é uma obra única, que certamente se tornará referência nessa matéria.

Parabéns à editora pela escolha do título e ao meu fraterno amigo por vencer mais esse desafio.

A todos, uma excelente leitura.

Rio de Janeiro, setembro de 2012.

Humberto Dalla
Professor Associado da UERJ
<http://www.humbertodalla.pro.br>

1. INTRODUÇÃO

Junho de 2005, Vara do Trabalho de um determinado Município no Estado do Amazonas, banhado pelo Rio Solimões, sala de audiências. Adentra ao recinto o Diretor de Secretaria comunicando ao magistrado haver impedido um homem de entrar nas dependências da Vara, posto que se trajava com sandálias de dedo, bermuda e camiseta, sem estar "dignamente vestido para falar com o Juiz". Esta é a regra: *Ninguém pode ingressar nas dependências do Poder Judiciário trajando bermudas, camisetas, chinelos..., ou*, nos dizeres daquele Diretor, *sem estar dignamente vestido para falar com o Juiz.*

É certo que aquele serventuário não perguntou ao mencionado senhor, que se deslocou debaixo de um escaldante sol amazônico, por volta das 12 horas, de sua casa até a Vara do Trabalho, se ele possuía alguma roupa *adequada para falar com o Juiz.* Quanto a isso não restam dúvidas.

Então coube ao Juiz sair de sua sala de audiências e autorizar a entrada daquele cidadão que, com o rosto suado e rubro, demonstrava no olhar uma profunda esperança de que seu pedido seria aceito. Não havia dúvidas de que aquele homem queria pedir alguma coisa e que era algo muito grave e de extrema importância, que o fez, mesmo sem *vestes adequadas,* assumir o risco de não ser recebido pelo *Juiz da Cidade* — é assim que são conhecidos os magistrados que exercem seu mister no interior do Brasil, mais especificamente, no interior do imenso Amazonas.

Autorizado a sentar-se diante do juiz, o agora reclamante, já devidamente identificado, e ainda repleto de esperança no olhar, começou a narrar seu problema, sem perder de vista aquele Diretor, que de pé postou-se ao seu lado, como que a tentar intimidá-lo diante da *audácia de ter sido recebido* pelo Juiz, mesmo contra sua vontade.

Ao começar sua fala, fez questão de enfatizar o reclamante que naquele magistrado estava sua última esperança de ver resolvida uma situação que já havia anteriormente sido negada por outros dois juízes, a Juíza Titular, que se encontrava em férias, e o Juiz Substituto que antecedeu este Magistrado. Segundo o reclamante, a resposta era sempre a mesma. *O senhor tem de esperar, não há nada mais que se possa fazer. Quando houver qualquer novidade no seu processo, o senhor será notificado.*

Tratava-se de um ex-funcionário da Prefeitura que, diante das infindáveis mudanças no comando do Poder Executivo, acabou dispensado e obrigado a recorrer à Justiça do Trabalho, para ver garantido o direito aos institutos e às verbas a que fazia jus, por força do contrato de trabalho havido ao longo de 12 anos.

A sentença lhe fora favorável, o recurso do ente público improvido, e então o crédito entrou na fila daquilo que a constituinte originária entendeu por bem nomear de Precatório, o qual, sabe-se, é na verdade um instrumento quase que inalcançável.

Com aquele homem não era diferente. Sua expectativa de recebimento de seu crédito era mínima, vez que a Fazenda Municipal há muito não pagava aos seus ex-empregados.

Ocorre que um fato mudou completamente aquela situação. Aquele reclamante veio a ser pai de um menino e este nasceu com uma deformidade no crânio que necessitava de uma intervenção cirúrgica de urgência, sob pena de vir a falecer. A criança, naquela ocasião, contava com 7 meses de vida e não dispunha de muito tempo para viajar para São Paulo e submeter-se à cirurgia.

Veio a pergunta: *Doutor, o que o senhor pode fazer por mim?*

Solicitado a aguardar alguns dias, o reclamante saiu da sala ainda com o mesmo olhar de esperança, mas temeroso de receber a mesma resposta que os outros dois juízes lhe haviam dado.

Atendendo a uma ligação do Diretor da Vara, o próprio prefeito Municipal compareceu diante do juiz e declarou já conhecer o caso, tendo em vista as inúmeras diligências que o reclamante já havia feito à sede da Prefeitura, buscando uma solução para resolver o problema de saúde de seu filho.

Saiu-se, então, o Prefeito, com a seguinte solução: *Doutor — tem sido a política de nossa administração sempre buscar a conciliação nesses processos e aqueles que têm aceitado o acordo têm recebido mais rapidamente. E isso já foi oferecido ao reclamante e ele não aceitou, razão pela qual eu não posso fazer mais nada.*

Com um imenso receio da resposta, o Magistrado decidiu perguntar qual era o valor da proposta. *Trinta por cento do valor, Doutor, e ele recebe daqui a três meses, porque tem mais gente que já aceitou e vai receber primeiro.*

Em contato com o Presidente do Egrégio Tribunal Regional do Trabalho da 11ª Região, à época, aquele Magistrado narrou todo o problema e solicitou que fosse invertida a ordem de pagamento do Precatório por ordem do Presidente e, com isso, o reclamante pudesse receber o mais breve possível e tentasse salvar seu filho. E foi como tudo aconteceu.

Aproximadamente um ano depois, o juiz, já de volta a Manaus, recebeu uma visita daquele homem com seu filho nos braços, após uma longa viagem de 24 horas pelo Rio Solimões, de sua cidade até a Capital do Amazonas, para demonstrar todo o seu agradecimento.

Foi quando ele disse ao seu filho: *Filho, aqui está um Juiz Justo.*

Naquele dia nasceu a ideia de tratar o processo não apenas como mais um número, não como mera estatística na busca pela promoção, mas como uma forma de fazer justiça. Mais do que isso, nasceu o sentimento de impedir o quanto possível que houvesse conciliação após o trânsito em julgado de uma decisão, porque esta, no mais das vezes, pode inclusive impedir o prosseguimento de uma vida.

Isto é justiça, isto é dignidade da pessoa humana. É esse o objetivo de quem busca o Poder Judiciário visando à solução de seu conflito. É esta, entende-se, a tarefa maior do Juiz Justo: resguardar e fazer cumprir sua decisão justa.

A realização do processo em sua plenitude não representa, no mais das vezes, aos jurisdicionados a concretização da justiça tendo em vista que, o que realmente desejam juízes, advogados, promotores, procuradores, partes e sociedade, é a efetiva prestação jurisdicional e, para isso, necessário se faz que o processo seja célere, efetivo e justo para os litigantes e que seus reflexos possam ser sentidos por toda a sociedade, de forma que esta mesma sociedade venha a reconhecer a atuação do Estado-Juiz como órgão garantidor da justiça, do Estado Democrático de Direito e da paz social.

Para que se alcance tal objetivo, deve-se ter como ponto de partida o conceito de que a lei deve estar de acordo com os direitos fundamentais e não que estes dependam da lei.

Visando a alcançar estes objetivos, o legislador tem criado uma série de mecanismos, quer de ordem processual, quer de mecanismos alternativos, visando ao aprimoramento do Poder Judiciário e do processo civil, tentando, em primeiro lugar, minimizar a procura pela prestação jurisdicional e, se isso não for possível, ter uma decisão definitiva dentro do menor espaço de tempo possível.

Para que se tenha uma ideia das transformações que vem sofrendo o Poder Judiciário, mister, em um primeiro capítulo, fazer-se uma retrospectiva do Poder Judiciário no Brasil, sua evolução através das diversas Constituições brasileiras, desde 1824 até a atual Carta Maior, a fim de verificar se tal evolução foi capaz de garantir os direitos fundamentais nelas elencados, em especial aqueles consubstanciados na Constituição Federal de 1988, principalmente, o Princípio da Dignidade da Pessoa Humana.

Tal explanação é importante, haja vista que a evolução do Poder Judiciário está intimamente ligada ao surgimento de um novo Estado preocupado com as questões sociais, podendo-se vislumbrar que, no momento em que a lei encontrar limite e contorno nos princípios constitucionais, deixará de ter apenas uma legitimação formal, ficando amarrada substancialmente aos direitos positivados na Constituição, pois não valerá por si só, mas dependerá da sua adequação aos direitos fundamentais, isto é, estará em conformidade com estes.

Assim, tem-se que a lei passará a se subordinar aos princípios constitucionais de justiça e aos direitos fundamentais, deixando a doutrina de somente descrever a lei. Diante desta nova realidade, que já se faz presente, passa a ser a primeira e mais importante tarefa do jurista compreender a lei à luz dos princípios constitucionais e dos direitos fundamentais, sendo obrigação do jurista não apenas a de desvendar as palavras da lei, mas sim a de projetar uma imagem desta mesma lei, corrigindo-a e adequando-a aos princípios de justiça e aos direitos fundamentais. E é por meio da hermenêutica, em especial da Hermenêutica Gadameriana, tratada no segundo capítulo do presente Estudo, que o juiz, aqui denominado *intérprete/ aplicador*, poderá construir uma Decisão Justa, através de um Processo Justo, com vistas a concretizar os verdadeiros e universais princípios de justiça, nesse novo Estado Constitucional.

Para isso, é imperioso compreender-se a necessidade de aplicação dos conceitos de justiça distributiva e corretiva, bem como os critérios de justo e injusto, defendidos por Aristóteles, Thomas Hobbes, respectivamente.

Aquele Juiz Justo, assim descrito por um jurisdicionado ao seu filho, só agiu com justiça, porque sua ação foi voluntária, pois, segundo Aristóteles, *um homem é justo quando age justamente por escolha, mas ele age justamente apenas se sua ação é voluntária.*

Este Juiz Justo, segundo Paul Ricoeur, tem por finalidade encontrar a Decisão Justa e seu ato de julgar possui duas finalidades, quais sejam, uma primeira, de curto prazo, em virtude da qual *julgar significa deslindar para pôr fim à incerteza*; a outra, uma finalidade de longo prazo, por meio da qual se pode conceber a *contribuição do julgamento para a paz pública.*

Para aplicação desse princípio universal de justiça, na luta, quer *pelo fim das incertezas*, quer para a concretização da *paz pública*, é necessário que o Juiz Justo recorra ao que Gadamer chamou de *tarefa da hermenêutica*, a qual tem por objetivo adaptar o sentido de um texto à situação concreta a que este fala.

É através da hermenêutica e dos conceitos de Gadamer, que doravante serão estudados, que repousa a tarefa de busca do direito e do juízo correto, o que pressupõe, independentemente de toda codificação, a tensão entre a universalidade da legislação vigente — codificada ou não — e a particularidade do caso concreto.

Foi o que buscou fazer o Magistrado no caso acima narrado, ou seja, procurou, ao aplicar a lei, dar-lhe uma interpretação correta, posto que a aplicação da lei a um caso particular implica um ato interpretativo, onde a aplicação de dispositivos legais que aparece como correta concretiza e aprimora o sentido de uma lei, mas, se assim não for, cabe ao juiz dar a interpretação mais correta ao texto legal, de acordo com o caso exposto ao seu conhecimento.

Ainda por ocasião dos Estudos do segundo capítulo, dando continuidade às suas análises, Gadamer nos dirá que a tarefa da hermenêutica de adaptar o sentido de um texto à situação concreta a que este fala era, antigamente, lógico e muito natural e seu modelo originário tem como representante o intérprete da vontade divina que sabe interpretar a linguagem dos oráculos. Na atualidade, no entanto, o trabalho do intérprete não é simplesmente reproduzir o que diz o interlocutor que ele interpreta, precisa fazer valer a ideia daquele como vislumbra necessário a partir da situação real da conversação na qual somente ele se encontra como conhecedor das duas "línguas" que estão em câmbio.

Imprescindível para a compreensão de tais modificações, qual realmente é a função desse novo Estado Constitucional — que tem por objetivo a garantia dos direitos fundamentais — qual o resultado prático dessa aplicação. Far-se-á, pois, necessário, em um terceiro capítulo, conhecer-se os conceitos de justiça e injustiça segundo Aristóteles, bem como identificar o verdadeiro Juiz Justo, como agente de preservação intransigente das garantias constitucionais no processo.

O Juiz Justo, aquele sobre o qual repousarão a responsabilidade e a atenção às questões sociais, aquele, inicialmente denominado *intérprete/aplicador*, doravante receberá mais uma função, passando à condição de um *juiz servidor*, pronto para prestar a jurisdição, de acordo com os princípios do processo consubstanciados na Constituição Federal, em especial, os princípios da boa-fé, do devido processo legal, do contraditório e da ampla defesa, da isonomia, da inafastabilidade do controle jurisdicional, ou do direito de ação, além do princípio do juiz e do promotor natural.

Por fim, como objeto do quarto e derradeiro capítulo do presente Estudo, pretende-se discutir, utilizando-se a Hermenêutica Gadameriana como instrumento, se após proferir uma Decisão Justa, e essa receba a chancela da Coisa Julgada, deve ou não o Juiz Justo homologar acordos ou conciliações, os quais, diga-se, possuem amparo legal, mais especificamente, no art. 125, inciso IV, do Código de Processo Civil, ou se tal homologação prejudicará o Direito já assegurado à parte e, por esta razão, após tal decisão transitar em julgado e se essa atitude ferirá os princípios universais de justiça.

Neste particular, é em Owen Fiss que se deverá encontrar fundamento para impedir-se o uso indiscriminado do acordo ou da conciliação, especialmente após o trânsito em julgado de uma determinada decisão. Para Fiss, há três questões fundamentais sobre as quais se deve refletir, quais sejam, primeiramente a parte mais pobre pode ser menos possível de reunir e analisar as informações necessárias à previsão da decisão em litígio, o que a deixaria em desvantagem no processo de negociação; em segundo lugar, pode o hipossuficiente necessitar, de imediato, da indenização que pleiteia e, desse modo, ser induzido à celebração de um acordo como forma de acelerar o pagamento, mesmo ciente de que receberá um valor inferior ao que conseguiria se tivesse aguardado o julgamento; e, em terceiro lugar, a parte mais pobre pode ser forçada a celebrar um acordo em razão de não possuir os recursos necessários para o financiamento do processo judicial, o que inclui tanto as despesas previstas como, por exemplo, honorários advocatícios, quanto aquelas que podem ser impostas por seu oponente por meio da manipulação de mecanismos processuais como o da instrução probatória.

São cuidados, com efeito, que devem ser observados quanto ao uso indiscriminado do acordo que tem como única finalidade o termo final do processo, independentemente da efetiva prestação jurisdicional.

Corrigir a imagem da lei e adequá-la aos princípios de justiça e aos direitos fundamentais passa, necessariamente, por uma total observância e por um absoluto respeito ao manto da coisa julgada, a qual, em nenhuma hipótese, é o objetivo deste Estudo, poderá ser modificada, nem mesmo por força de uma vontade das partes, declarada após o trânsito em julgado de uma decisão.

Como se verá nos capítulos que se sucedem, a decisão judicial deve valer como uma expressão da vontade do Estado, e a coisa julgada, que garantiu determinado direito ao jurisdicionado, não deve ser modificada, posto que tal direito, em nenhuma hipótese, deve ser prejudicado.

A preocupação com o objeto do presente Estudo não está em afastar a possibilidade de conciliação, nem de qualquer mecanismo alternativo de solução de conflitos, mas sim, no sentido de que tais mecanismos, aliados à força efetiva da coisa julgada, serão capazes de devolver o respeito ao Poder Judiciário, fazendo com que volte a crescer e a ser atuante como um poder de pacificação social. E isto, tem-se a convicção, somente será possível por meio da higidez de suas decisões justas, as quais surgirão pelas mãos de um Juiz Justo, através da concretização de um processo justo.

É objetivo do presente Estudo defender-se a higidez da Decisão Justa, pois somente ela é capaz de recolocar o Poder Judiciário em seu verdadeiro lugar perante a sociedade, bem como diante dos demais Poderes constituídos e, assim, reencontrar o respeito por parte de toda a sociedade que deposita no Juiz Justo sua esperança de paz social e segurança jurídica.

Caminhemos.

2. O PODER JUDICIÁRIO NO BRASIL

Encontrar as bases de um processo justo no Estado Democrático de Direito é o objetivo da presente pesquisa. Para a consecução desse fim, serão abordadas as lições da Hermenêutica Gadameriana, tendo em vista que o processo justo não existe em si mesmo, mas depende do cumprimento de garantias, tais como a ampla defesa e o contraditório, e também de um intérprete.

O desenvolvimento de todas essas questões ocorrerá no decorrer da pesquisa. Para o presente capítulo, optou-se por desenvolver o assunto Poder Judiciário. Mais do que uma notícia histórica, discorrer sobre o Poder Judiciário é, antes de tudo, perceber a consciência social nos diversos momentos históricos.

Em quais momentos o Judiciário se fez mais presente, eficaz, solicitado, e, quando a cultura social passou a vislumbrar outras formas de solução do conflito que não fossem a chancelada pelo Estado-Juiz.

Independente do quadro em que esteja o Judiciário — se mais ou menos solicitado —, cumpre, assim, avaliar sua evolução constitucional, para situar historicamente o que pretende um processo justo no Estado Democrático.

2.1. Poder judiciário nas constituições. Breves notas

Da Carta Imperial de 1824 à Constituição da República de 1988. Foram oito experiências constitucionais no país. Algumas com características desenvolvimentistas, outras nem tanto. Todas exerceram notável influência no período em que foram seguidas.

Pedrosa[1] destaca que após a proclamação da Independência instalava-se a Assembleia Constituinte, contudo, liberais e conservadores se opunham na construção do texto, em virtude de que atuavam principalmente na defesa dos próprios interesses, cuja base era o latifúndio.

Castro[2] ressalta que após a restauração da Europa, D. Pedro I, embora assim intentasse, não poderia — ao menos no texto constitucional — proclamar a teoria do direito divino; tornou-se necessário parte da elite econômica participar do poder.

---

(1) PEDROSA, Ronaldo Leite. *Direito em história*. Rio de Janeiro: Lumen Juris, 2010. p. 356-357.
(2) CASTRO, Flávia Lages de. *História do direito*. Geral e Brasil. 9. ed. Rio de Janeiro: Lumen Juris, 2011. p. 353.

Aduz que *o poder Moderador é a chave para a compreensão da falácia da independência dos poderes no Brasil monárquico. Ele é apontado como sendo o meio pelo qual os outros poderes se harmonizariam.*

Barroso[3] ressalta em estudo sobre o tema:

> Constituições, como é trivialmente sabido, não nos faltaram. Antes pelo contrário, nesta matéria teremos pecado mais pelo excesso do que pela escassez [...]. Assim é que, numa sucessão de percalços, foram editadas em pouco mais de 180 anos de Independência e 110 anos de República, oito Constituições, num melancólico estigma de instabilidade e falta de continuidade de nossas instituições políticas.

Como muito bem observado pelo constitucionalista, a profusão de Constituições causou instabilidade e falta de continuidade de nossas instituições políticas, principalmente quando é utilizada como parâmetro a experiência constitucional americana, cuja Constituição sintética resiste ao tempo, e, conforme constatado recentemente, inclusive às intempéries econômicas.

A questão é: como ficou o Judiciário diante de tal falta de continuidade de instituições?

Necessário se faz trazer à baila como cada uma dessas Constituições (ou Cartas, a depender do momento em que perfectibilizadas) tratou o Judiciário. Na Constituição de 1988 (apenas para que o tema tenha um norte), o Judiciário é um dos Poderes da República, independente e harmônico. E na Constituição Imperial de 1824?

Barroso[4] ressalta que:

> A história constitucional brasileira se inicia sob o símbolo da outorga. [...] fundava-se em certo compromisso liberal, a despeito de jamais haver sido encarada pelo Imperador como fonte de legitimidade do poder que exerce. O mando pessoal, semiabsoluto, ora guardava mera relação formal com estrutura normativa da Constituição, ora simplesmente a ignorava.

Pedrosa entende que o estudo da Constituição de 1824 deve ser feito levando em consideração as influências históricas, locais e internacionais, verificadas à época. O anteprojeto da Constituição enunciava a divisão dos poderes em três, quais sejam Executivo, Legislativo e Judiciário; além de eleições em dois turnos, cujos eleitores deveriam ser apenas homens e que possuíssem a renda determinada. O Imperador não aprovou tais intentos.

---

(3) BARROSO, Luis Roberto. *O direito constitucional e a efetividade de suas normas.* 7. ed. Rio de Janeiro: Renovar, 2003. p. 7.
(4) *Op. cit.*, p. 11-12.

A Constituição de 1824 traz assim a figura do Imperador, que ao mesmo tempo em que defendia a existência do diploma, muitas vezes a ignorava para que fizesse prevalecer sua vontade pessoal. E, tal situação estava, inclusive, chancelada no art. 4 do diploma[5].

A existência do Poder Moderador justificava todas as medidas adotadas pelo Imperador, inclusive a de suspender os magistrados. Daí, porque os arts. 98 e 99[6] dispunham sobre tal poder como "a chave".

Qual seria a independência, harmonia e equilíbrio entre os demais Poderes quando o titular do Poder Moderador não poderia ser responsabilizado por nenhum de seus atos?

Apenas a partir do art. 151 da Constituição de 1824, em capítulo único, é que se fez alusão ao Poder Judiciário, o qual à época recebia a denominação de Poder Judicial, que era composto por juízes e jurados, sendo que aqueles eram perpétuos. Contra os juízes poderia ser ajuizada ação popular no caso de suborno, peita, peculato ou concussão; contudo, não havia nenhum dispositivo acerca de garantias aos juízes[7].

Ressalte-se também que a investidura no cargo não obedecia a um critério isonômico, de tal forma que quem decidia era o Imperador, o que guarda uma certa obviedade, posto que com base na perpetuidade desta figura, o mesmo se empregava ao juiz em seu processo de escolha. Muito apropriada a lição de Barroso[8]:

> O poder de nomear, de creditar-se favores, de cobrar do agente público antes o reconhecimento e a gratidão do que o dever funcional. A lealdade ao chefe, não ao Estado, muito menos ao povo. A autoridade, em vez de institucionalizar-se, personaliza-se.

---

(5) Art. 4. A Dynastia Imperante é a do Senhor Dom Pedro I actual Imperador, e Defensor Perpetuo do Brazil. (Texto no original)
(6) Art. 98. O Poder Moderador é a chave de toda a organização Politica, e é delegado privativamente ao Imperador, como Chefe Supremo da Nação, e seu Primeiro Representante, para que incessantemente vele sobre a manutenção da Independencia, equilíbrio, e harmonia dos mais Poderes Políticos. Art. 99. "A Pessoa do Imperador é inviolável, e Sagrada: Elle não está sujeito a responsabilidade alguma." (Texto no original)
(7) Art. 151. O Poder Judicial independente, e será composto de Juizes, e Jurados, os quaes terão logar assim no Civel, como no Crime nos casos, e pelo modo, que os Codigos determinarem. Art. 152. Os Jurados pronunciam sobre o facto, e os Juizes aplicam a Lei.
Art. 153. Os Juizes de Direito serão perpetuos, o que todavia se não entende, que não possam ser mudados de uns para outros Logares pelo tempo, e maneira, que a Lei determinar.
Art. 154. O Imperador poderá suspende-los por queixas contra elles feitas, precedendo audiencia dos mesmos Juizes, informação necessaria, e ouvido o Conselho de Estado. Os papeis, que lhes são concernentes, serão remettidos á Relação do respectivo Districto, para proceder na fórma da Lei.
Art. 155. Só por Sentença poderão estes Juizes perder o Logar. (Texto no original)
(8) *Op. cit.*, p. 11.

A Carta do Império, afirma Barroso[9], calcava-se em compromisso liberal, muito embora não fosse considerada como fundamento de legitimidade de poder pelo Imperador. O mando pessoal ora era extraído da própria Constituição, em outros momentos esta era simplesmente ignorada. Ressalta por fim que:

> Por trás das idas e vindas, do avanço e do recuo, diafanamente encoberta, a herança maldita do patrimonialismo: o cargo público. O poder de nomear, de creditar-se favores, de cobrar do agente público antes o reconhecimento e a gratidão do que o dever funcional. A lealdade ao chefe, não ao Estado, muito menos ao povo. A autoridade, em vez de institucionalizar-se, personaliza-se. Em seguida, corrompe-se, nem sempre pelo dinheiro, mas pelo favor, devido ou buscado.

Wolkmer[10], ao analisar Magistratura e Poder Judiciário no tempo do Império, destaca que alguns fatores contribuíram para singularizar a postura da magistratura no período que sucede à Independência, quais sejam, o corporativismo elitista, a burocracia como poder de construção nacional e a corrupção como prática oficializada.

> Mais que um estamento burocrático, a magistratura simbolizava uma expressão significativa do poder do Estado, ungido para interpretar e aplicar a legalidade estatal, garantir a segurança do sistema e resolver os conflitos de interesses de elites dominantes. Constata-se, pois, o procedimento profissional e político dos magistrados enquanto atores privilegiados da elite imperial, sua relação com o poder político, com a sociedade civil e sua contribuição na formação das instituições nacionais. Para isso é necessário, descrever, primeiramente que a Independência do país não encontrou adesão integral na antiga magistratura, pois, enquanto alguns apoiavam a ruptura, muitos outros permaneceram fiéis à monarquia lusitana.

Servir aos interesses da administração colonial, era para isso que os juízes eram preparados. Wolkmer[11] destaca que a arrogância profissional, o isolamento elitista e a própria acumulação de trabalhos desses magistrados deram munição para que as forças liberais formulassem suas reivindicações.

> Nas décadas posteriores à Independência, em função do tipo de educação superior, dos valores e das ideias que incorporava, a camada profissional dos juízes se constituiria num dos setores essenciais da unidade e num dos pilares para a construção da organização política nacional. O que distingue a magistratura de todas as outras ocupações é o fato de

---

(9) *Op. cit.*, p. 10-11.
(10) WOLKMER, Antonio Carlos. *História do direito no Brasil*. 5. ed. Rio de Janeiro: Forense, 2010. p. 117.
(11) *Op. cit.*, p. 119.

que ela representava e desenvolvia formas de ação rígidas, hierarquizadas e disciplinadas que melhor revelavam o padrão que favorecia práticas burocráticas para o exercício do poder público e para o fortalecimento do Estado.

O que se verificava era o poder judicial se identificando com o político, ainda que desempenhassem funções completamente distintas; e isso era possível na medida em que competia ao Governo nomear e remover juízes, com o fito de administrar seus interesses, tornando a justiça partidária.

Lopes[12] com o fito de avaliar a situação do Judiciário pós Constituição Imperial assim se manifesta:

> A reforma do Poder Judiciário começou de fato com o Código de Processo Criminal de 1832. Por ele foram extintos os cargos anteriores e o aparato judicial começou a tomar forma em torno dos cargos de juiz de paz, juiz municipal e juiz de direito de primeira instância. A segunda instância manteve-se com as Relações criadas antes da independência e com um Supremo Tribunal de Justiça. O Conselho de Jurados (ou Tribunal do Júri), presidido pelos juízes de direito, tratava normalmente de todos os feitos criminais.[...] Os juízes de paz eram eleitos e não precisavam ser bacharéis em direito. [...] Os juízes municipais substituíam os juízes de direito nos termos, eram preferencialmente bacharéis (mas também advogados habilitados) e nomeados pelo Presidente da Província.

Em 1871, Lopes[13] assinala a segunda reforma, na qual foram discutidas questões centrais tanto pelos liberais, quanto pelos conservadores reformistas: previsão de incompatibilidades entre os cargos da magistratura e os cargos eletivos, e ampliação do *habeas corpus*, em síntese. Ressalta ainda as advertências feitas à época pelo Conselheiro Nabuco:

> Falava da profissionalização completa da magistratura, com incompatibilidade eletiva, e de um sistema de nomeação que impusesse treinamento prévio do magistrado. Exigia também a supressão da anomalia que consiste em poderem os tribunais revisores decidir, em matéria de direito, o contrário do que decide o Supremo Tribunal de Justiça invertida assim a hierarquia judiciária, e provindo daí a incoerência da jurisprudência, a incerteza dos direitos do cidadão, e a fraqueza do império da lei [...]. Reclamava ainda a criação de uma Relação em cada província, a vitaliciedade para toda primeira instância e a competência judicial para a formação da culpa.

---

(12) LOPES, José Reinaldo de Lima. *O direito na história*. 3. ed. São Paulo: Atlas, 2011. p. 305-307.
(13) *Op. cit.*, p. 10.

Inspirada na experiência norte-americana surge a República, com a Constituição de Fevereiro de 1891, marcada pela renúncia de Deodoro no final de 1891 e a ascensão do Marechal Floriano Peixoto. Pedrosa[14] afirma que se prometeu convocar um plebiscito dentro de um ano, a fim de definir entre Monarquia e República, contudo apenas em 1993 é que o povo brasileiro pode ser ouvido. Destaca, ainda, que:

> Novo regime, nova Constituição, novo nome para nós. Rui Barbosa foi o grande colaborador na redação do texto. Votada em 24 de fevereiro de 1891, a Constituição da primeira República foi finalmente promulgada tendo por base a primeira Constituição Republicana, publicada por força do Decreto n. 510, de 23 junho de 1890, e alterada pelo Decreto n. 914-A, de 23 de outubro do mesmo ano, pois resultara dos trabalhos da Assembleia Nacional Constituinte convocada para legalizar o resultado do ocorrido em 15 de novembro de 1889. O país passava a chamar-se República dos Estados Unidos do Brasil.

O Brasil passava por uma fase em que predominavam as elites agrárias. Garantiu-se autonomia estatal às províncias, que deveriam elaborar suas Constituições, sempre observando os parâmetros da Constituição em destaque. Anota Pedrosa que a Constituição Imperial era notadamente inspirada nos franceses, enquanto a de 1891 trazia como característica as notas da Constituição americana.

Destaca-se a criação do Procurador Geral da República como chefe do Ministério Público. Não havia mais o Poder Moderador, e o Judiciário passou a contar com duas esferas, estadual e federal.

A nova ordem instalada ainda não trazia a paz social e a solidez institucional que se esperava; Barroso[15] anota que:

> A fragilidade da nova ordem foi revelada nas inquietações sociais e rebeliões sucessivas que a desestabilizaram. [...] A República brasileira, que desde sua proclamação não atingira um funcionamento institucional normal, esvaía-se sem legitimidade, canhestramente liberal, em grosseira contrafação.

A Constituição de 1891 não conseguiu estabelecer a integração entre as unidades federadas, por isso Barroso ressalta que a fórmula federalista não tomou em consideração o passado brasileiro, marcadamente unitário e centralizador. Ao adotar o modelo de divisão de competências norte-americano, configurou-se uma verdadeira utopia. Com o objetivo de extirpar a debilidade que tomava conta da

---

(14) *Op. cit.*, p. 369.
(15) *Op. cit.*, p. 14.

União, o novo Presidente estabeleceu a Política dos Estados, que, posteriormente, transmudou-se em Política dos Governadores.

> Como quer que se a qualifique, certo é que não resultou favorável saldo da 'Política dos Governadores'. Nesse período, consolidou-se o predomínio dos Estados mais fortes, como São Paulo e Minas Gerais, que em seguida converteu-se na abusiva 'Política do Café com Leite'. A concentração do poder político na órbita estadual acentuou a força dos Governadores, que eram mera expressão das oligarquias regionais. A autonomia federativa, idealizada na superestrutura jurídica, pervertia-se na infraestrutura oligárquica, que gerava, ainda, um subproduto: o coronelismo.

Uma República que buscava ser o que não era. Na Constituição de 1891, o Judiciário estava consignado a partir do art. 55, algumas mudanças em termos de regras[16] foram imediatamente sentidas em relação à experiência constitucional anterior, posto que aos juízes era garantida a vitaliciedade, podendo perder o cargo por sentença judicial e, principalmente, a previsão de irredutibilidade de vencimentos.

Com a extinção do Poder Moderador, a escolha dos juízes era atribuição do Presidente da República, nos termos do art. 48.

Constata-se uma definição de competências melhor estruturada em relação à Constituição anterior, no entanto mudanças um pouco tímidas quando comparadas ao que se alcançaria no futuro.

Lopes[17], ao destacar o ensino jurídico nessa nova dimensão política, assim se manifesta: *A República, tão liberal em ideias, deveria ser calma em termos políticos. A revolução não poderia ser legitimada pelos juristas. Os métodos ensino jurídico experimentados nos Estados Unidos, o método de casos, não deveria ser introduzido entre nós.*

Embora a Constituição fosse inspirada na americana, sua adoção deveria ser em partes. Partes que não contrariassem a constante dominação, que se refletia até mesmo na forma como o ensino jurídico deveria ser passado. Apesar de todo o controle que não se pretendia perder frente a novas ideias, Castro[18] traz notícia

---

(16) Art. 55 — O Poder Judiciário da União terá por órgãos um Supremo Tribunal Federal, com sede na Capital da República e tantos Juízes e Tribunais Federais, distribuídos pelo País, quantos o Congresso criar.
Art. 56 — O Supremo Tribunal Federal compor-se-á de quinze Juízes, nomeados na forma do art. 48, n. 12, dentre os cidadãos de notável saber e reputação, elegíveis para o Senado.
Art. 57 — Os Juízes federais são vitalícios e perderão o cargo unicamente por sentença judicial.
§ 1º — Os seus vencimentos serão determinados por lei e não poderão ser diminuídos.
§ 2º — O Senado julgará os membros do Supremo Tribunal Federal nos crimes de responsabilidade, e este os Juízes federais inferiores.
(17) *Op. cit.*, p. 36.
(18) *Op. cit.*, p. 417.

histórica (inusitada), acerca da participação popular nos julgamentos realizados no Supremo Tribunal Federal: *Interessante indicar que, nos primeiros tempos do Supremo Tribunal Federal, as questões submetidas a este eram acompanhadas pela população que comparecia aos julgamentos, aplaudindo ou vaiando as teses defendidas.*

A participação popular, nesse caso, deu-se de forma expressiva e sem amarras à liberdade de expressão. Uma espécie de controle que já sinalizava a insatisfação com os rumos da República.

Desde 1926, tendo sido frustrada a tentativa de modificar a Constituição, o país passou por um período de protestos. Com a quebra da Bolsa de Nova York em 1929, a economia brasileira restou abalada, levando em conta que se fundava na exportação do café. O país vivenciou uma breve revolução em 1930, tendo sido deposto o Presidente Washington Luís, em razão de não ter cumprido o acordo que alternava o poder entre São Paulo e Minas Gerais. Entra em cena Getúlio Dornelles Vargas. Pedrosa[19] narra referida situação com óptica histórica, mas sem descurar a questão política:

> Começava nosso país a voltar seus órgãos e institutos para atender à população crescente. A velha Lei não mais servia. A Política dos Governadores foi extinta com nomeação de interventores federais para os governos dos Estado que não apoiaram a Revolução. Na verdade, Getúlio assumira com condição de se ter um governo provisório.

Apoiado na desestabilização da política Café com Leite, Vargas — que futuramente passaria a ser conhecido como o pai dos pobres — e lastreado no Decreto n. 19.398 de 1930, Getúlio Vargas chefiou o Governo Provisório. Apenas com a Carta Política de 1934 foi que a nova ordem pôde ser institucionalizada.

O governo não foi provisório, tendo Vargas fechado o Congresso Nacional e eleita uma Assembleia Nacional Constituinte para a feitura de uma nova Constituição, pois a de 1891 já não servia aos propósitos políticos da época.

A Constituição de 1934 se estabeleceu por um curto período, anota Barroso[20] que:

> A Constituição de 1934, influenciada pela Constituição de Weimar, de 1919, e pelo corporativismo, continha inovações e virtudes. Dedicou um título à Ordem Econômica e Social, iniciando a era da intervenção estatal. Criou a Justiça do Trabalho e o salário mínimo, instituiu o mandado de segurança, acolheu expressamente a ação popular e manteve

---

(19) *Op. cit.,* p. 387.
(20) *Op. cit.,* p. 20.

a Justiça Eleitoral, criada em 1932. Em uma fórmula de compromisso entre capital e trabalho, delineou o arcabouço formal de uma democracia social, que não se consumou.

Não se pode deixar de destacar alguns aspectos importantes da referida Constituição: previsão do voto feminino — era a primeira vez na histórica eleitoral do país que as mulheres tinham direito de escolher os seus representantes políticos —; criação da Justiça Militar como órgão do Poder Judiciário; retorno à unificação do direito processual; inédita inserção de um capítulo sobre a ordem econômica e social; instituição do mandado de segurança.

Embora tenha-se tratado de uma Constituição bem escrita, segundo Pedrosa[21], e, ainda, adequada à sua época, verificou-se, de certa forma, aceitação desta pela comunidade jurídica. Com o retorno das elites ao panorama político, o reconhecimento de direitos para as classes operárias, além da satisfação a grupos militares, evidenciou-se de certa forma uma acomodação de interesses. Contudo:

> Por motivos diversos, destacando-se o nascimento no Brasil de correntes ideológicas de cunho nazifascistas, e outras socialistas, de matriz marxista, forças foram se somando para alterar os rumos da política brasileira, chegando à luta armada, que em 1935 conduziu o Presidente a decretar estado de sítio, que perdurou por mais de um ano. A política nacionalista impunha restrições ao capital estrangeiro.

É inegável que, embora tenha permanecido em vigor até 1937, a Constituição de 1934 assume fundamental importância em termos de Judiciário e de estabelecimento de remédios constitucionais em defesa de liberdades. Assinala-se a instituição da Justiça do Trabalho, a Justiça Social que em 1943 submeter-se-ia à Consolidação das Leis do Trabalho, fruto também da atuação de Vargas no poder. Fato notado por Barroso[22] ao dispor que:

> Não se deve desprezar o fato de que o processo de industrialização, estimulado por injunções da primeira guerra, fez nascer nas cidades o operariado, que começa a despertar como força política. As organizações de trabalhadores, que antes tinham mero caráter associativo e beneficente, assumem o seu papel reivindicatório. O Partido Comunista do Brasil, depois Partido Comunista Brasileiro, é fundado em 1922, por Astrojildo Pereira. Com algum atraso, a questão social chegara ao Brasil.

Com toda essa transformação social, as instituições também passam por reformulações e o Judiciário não poderia ficar alheio a tais acontecimentos. A Constituição de 1934 tratou do tema a partir do art. 63. Dentre as modificações operadas destacam-se as:

---

(21) *Op. cit.*, p. 390.
(22) *Op. cit.*, p. 19.

a) garantias dos juízes: vitaliciedade — cuja aposentadoria compulsória dar-se-ia aos 75 (setenta e cinco) anos de idade; inamovibilidade e irredutibilidade de vencimentos;

b) a vedação do Juiz exercer atividade político-partidária;

c) minuciosa divisão de competências (Corte Suprema, Juízes Federais, Justiça Eleitoral e Justiça Militar).

Lopes[23] trata das notas características da Carta de 1934, quais sejam:

> O modelo constitucional de 1934 foi corporativo. A representação popular dividia-se na Câmara dos Deputados: metade dos membros era eleita por sufrágio universal (que pela primeira vez incluía mulheres) e metade por representação profissional. Outra inovação importante e determinante do ponto de vista histórico foi a exigência de concurso público para o ingresso nas carreiras da Administração, no Judiciário e no Ministério Público. [...] Criou-se uma Corte Suprema, com 11 ministros nomeados. A Justiça Federal foi mantida, e os juízes federais continuaram sendo nomeados. Criou-se uma Justiça Eleitoral: o julgamento de pleitos e das diplomações deixava de ser feito pelos próprios interessados e passava à mão de uma justiça especializada, com perspectivas de se tornar independente, na mesma medida em que se fizessem concurso público. A Justiça do Trabalho foi instituída, não como um poder autônomo mas como um órgão administrativo. Só em 1946 a Justiça do Trabalho seria incorporada ao Poder Judiciário [...].

O fascismo e o nazismo eram o centro das preocupações das Nações em desenvolvimento, anota Pedrosa que isso deixava o país aflito, ante a criação de um partido denominado Ação Integralista Brasileira, tendo como comandante Plínio Salgado, já o Partido Comunista era chefiado por Luiz Carlos Prestes. Foi, então, que Vargas impôs uma nova Constituição, a qual faria oposição ao liberalismo, aproximando-se da ideologia fascista.

Com o Golpe do Estado Novo, a Carta de 1937, também conhecida como Polaca, redigida por Francisco Campos, é imposta. As instituições dispostas nesse novo texto não funcionaram, tendo em vista que o Parlamento não fora eleito, pontuando-se a existência do Conselho de Economia Nacional, o qual deveria ser ouvido quando a legislação envolvesse matéria econômica.

Lopes[24] descreve a Carta de 1937 da seguinte forma:

> Dado o seu caráter centralizador e antifederal, a Carta de 1937 fez desaparecer a Justiça Federal, que só voltará a existir em 1970. As queixas

---

(23) *Op. cit.*, p. 361.
(24) *Op. cit.*, p. 362.

contra as Justiças dos Estados haviam sido muitas, especialmente no que concerne ao controle pela coronelato rural, pelos poderes políticos locais, da máquina e das decisões judiciais. No que diz respeito aos direitos sociais, ficaram mantidos aqueles criados pela Constituição de 1934. Não foram realizadas eleições, o processo legislativo foi completamente delegado ao Presidente da República, que governou exclusivamente por decretos e decretos-leis.

Segundo Barroso[25], em virtude de não ter sido submetida ao plebiscito previsto no art. 187, ressalta que por vezes se negue sua existência jurídica. Adverte ainda que:

> O Texto mantinha o regime federativo, que teve, no entanto, caráter meramente 'nominal', de vez que, na prática, restabeleceu-se o unitarismo do Império, com interventores designados pelo Poder Central. O Poder Legislativo, bicameral, a ser exercido com a colaboração do Conselho da Economia Nacional — que lhe daria o toque corporativista — jamais chegou a se instalar. Foi rompida a independência e harmonia dos Poderes pela atribuição de supremacia ao Executivo. Com base no art. 180, o Ditador, por não se haver reunido o Parlamento Nacional, legislou durante todo o período de sua permanência no Poder por via de decreto-lei.

Para se ter uma ideia do contexto histórico e político que informou a Constituição de 1937, é esclarecedora a redação do preâmbulo:

> O Presidente da República dos Estados Unidos do Brasil, atendendo às legítimas aspirações do povo brasileiro à paz política e social, profundamente perturbada por conhecidos fatores de desordem, resultantes da crescente agravação dos dissídios partidários, que uma notória propaganda demagógica procura desnaturar em luta de classe, e da extremação de conflitos ideológicos, tendentes, pelo seu desenvolvimento natural, a resolver-se em termos de violência, colocando a Nação sob a funesta iminência da guerra civil; atendendo ao estado de apreensão criado no país pela infiltração comunista, que se torna dia a dia mais extensa e mais profunda, exigindo-se remédios de caráter radical e permanente; atendendo a que, sob as instituições anteriores, não dispunha o Estado de meios normais de preservação e de defesa da paz, da segurança e do bem-estar do povo; com o apoio das forças armadas e cedendo às inspirações da opinião nacional, umas e outras justificadamente apreensivas diante dos perigos que ameaçam a nossa unidade e da rapidez com que se vem processando a decomposição das nossas instituições civis políticas; resolve assegurar à Nação a sua unidade, o respeito à sua

---

(25) *Op. cit.*, p. 23.

honra e à sua independência, e ao povo brasileiro, sob um regime de paz política e social, as condições necessárias à sua segurança, ao seu bem-estar e à sua prosperidade [...].

De 1937 para 1824. A figura do Ditador em 1937 fazia as vezes do Imperador. Conquistas na seara econômica e social são sufocadas em nome do controle. Estava rompida a clássica independência e harmonia entre os Poderes em contraposição às conquistas históricas. A figura do decreto-lei legitimava a atuação do Ditador e sufocava qualquer intenção de democracia. Diante de tal contexto, o Judiciário restou assim consignado: (art. 90) Órgãos do Poder Judiciário: o Supremo Tribunal Federal; os Juízes e Tribunais dos Estados, do Distrito Federal e dos Territórios; os Juízes e Tribunais militares. (art. 91) Observadas as restrições expressas na Constituição, os Juízes possuíam as seguintes garantias: a) vitaliciedade, não podendo perder o cargo a não ser em virtude de sentença judiciária, exoneração a pedido, ou aposentadoria compulsória, aos sessenta e oito anos de idade ou em razão de invalidez comprovada, e facultativa nos casos de serviço público prestado por mais de trinta anos, na forma da lei; b) inamovibilidade, salvo por promoção aceita, remoção a pedido, ou pelo voto de dois terços dos Juízes efetivos do Tribunal Superior competente, em virtude de interesse público; c) irredutibilidade de vencimentos, que ficam, todavia, sujeitos a impostos.

Entre as vedações estabelecidas, o art. 92 estabelecia que os juízes, ainda que em disponibilidade, não podem exercer qualquer outra função pública. A violação deste preceito importa a perda do cargo judiciário e de todas as vantagens correspondentes.

Aos Tribunais competia, dentre outras atribuições, a) elaborar os Regimentos Internos, organizar as Secretarias, os Cartórios e mais serviços auxiliares, e propor ao Poder Legislativo a criação ou supressão de empregos e a fixação dos vencimentos respectivos; b) conceder licença, nos termos da lei, aos seus membros, aos juízes e serventuários, que lhes são imediatamente subordinados.

Por conta de todo o histórico de instabilidade, e, ainda, em virtude do contexto político o art. 94 vedava ao Judiciário conhecer de questões exclusivamente políticas, contudo dispunha o artigo seguinte acerca da competência do Supremo Tribunal para ordenar a expedição de precatório, no sentido de que os pagamentos devidos pela Fazenda Federal, em virtude de sentenças judiciárias, far-se-ão na ordem em que forem apresentadas as precatórias e à conta dos créditos respectivos, vedada a designação de casos ou pessoas nas verbas orçamentárias ou créditos destinados àquele fim.

Aspecto salutar é o relativo à sistemática da chamada cláusula de reserva de plenário[26], que concedia ao Presidente da República submeter a questão ao exame do Parlamento, podendo tornar sem efeito a decisão do Tribunal.

---

(26) Art. 96 — Só por maioria absoluta de votos da totalidade dos seus Juízes poderão os Tribunais declarar a inconstitucionalidade de lei ou de ato do Presidente da República.

Embora permanecessem a divisão e estruturação dos órgãos do Poder Judiciário, as garantias, e outras questões de extrema importância tenham sido acrescentadas, tais como a cláusula de reserva de plenário, a sua aplicabilidade estava condicionada ao arbítrio do Ditador.

Lopes[27] aponta o caráter centralizador e antifederal da Carta de 1937, que retirou da estrutura do Judiciário a Justiça Federal, a qual voltaria ao cenário brasileiro apenas em 1970. O coronelato rural controlava as justiças dos Estados.

Assevera Barroso que:

> A Assembleia Constituinte foi convocada em 12 de novembro de 1945 e eleita em 2 de dezembro seguinte, mesma data em que sufragado o novo Presidente: General Eurico Gaspar Dutra. Encerrava-se o ciclo da Carta de 1937, que jamais teve vigência regular e efetiva, desfazendo-se o sonho de seu artífice, o jurista Francisco Campos, de institucionalizar no Brasil um governo forte e corporativista.

Na Segunda Guerra Mundial, o Brasil se posicionou em favor dos dominadores liberais, fazendo com que o país se opusesse contra os regimes totalitários; o que caracterizaria uma contradição em face da postura interna adotada no país. Embora houvesse movimentos a favor da permanência de Vargas (queremismo), em 29 de outubro de 1945, o poder foi passado ao Judiciário. A eleição foi realizada em 2 de dezembro de 1945.

A nova Constituição foi aprovada em setembro de 1946.

Marcada pelo liberalismo, a Constituição de 1946 teve como principais fontes, na óptica de Barroso, a Constituição norte-americana, a qual serviu de estampa para a moldagem do federalismo; a Constituição francesa, de 1848, por meio da qual se buscou atenuar a rigidez do sistema presidencialista; e, finalmente, a Constituição de Weimar, que deu azo à inclusão dos princípios relativos à ordem econômica e social. Contudo, em relação à estrutura e funcionamento dos Poderes não se verificaram grandes modificações evolutivas. Aduz-se, ainda, que em virtude da experiência anterior o poder de legislar restou deveras comprometido.

A nova Constituição devolveu autonomia ao Poder Judiciário, reforçando a sua independência e as garantias aos juízes, expressas no art. 95. Possibilitou, ainda, a possibilidade de eleição dos seus dirigentes, além do estabelecimento de sua organização interna — art. 97.

Parágrafo único — No caso de ser declarada a inconstitucionalidade de uma lei que, a juízo do Presidente da República, seja necessária ao bem-estar do povo, à promoção ou defesa de interesse nacional de alta monta, poderá o Presidente da República submetê-la novamente ao exame do Parlamento: se este a confirmar por dois terços de votos em cada uma das Câmaras, ficará sem efeito a decisão do Tribunal.

(27) *Op. cit.*, p. 362.

No art. 94 ficou definida a estruturação do Poder Judiciário, composta por: Supremo Tribunal Federal; Tribunal Federal de Recursos; juízes e tribunais militares; juízes e tribunais eleitorais; juízes e tribunais do trabalho.

Em virtude do expressivo número de processos direcionados ao Supremo Tribunal Federal, entendeu o constituinte que com a criação do Tribunal Federal de Recursos, estar-se-ia diante da solução para referido problema quantitativo; cuja competência restou consignada no art. 104.

Apenas com a Constituição de 1946 foi que a Justiça do Trabalho passou a integrar o Poder Judiciário, ao contrário do que se deu nas experiências constitucionais anteriores de 1934 e 1937. Sua previsão era o art. 123.

O acesso à justiça previsto no § 4 do art. 141[28] resumia-se à possibilidade de movimentar o aparelho estatal tão-somente quando houvesse lesão a direito individual, ou seja, não dispunha de uma atuação preventiva, nem em grau coletivo.

A Constituição de 1946, na esteira das que lhe precederam, repetiu as garantias concedidas aos magistrados, além de minudenciar as competências de cada órgão do Judiciário, com especial destaque para a Justiça do Trabalho. Além disso, dedicou o Título III ao Ministério Público.

Pedrosa[29] destaca que:

> [...] essa Lei Maior buscava retornar às Cartas de 1891 e de 1934, nos seus pontos fundamentais, e prover o país de uma Constituição moderna, liberal, perene e equilibrada. Conquistas sociais foram se avolumando e nela inseridas, como o direito de greve e a proteção do trabalhador de campo, apenas de, na economia, ter ocorrido um retrocesso, com a obrigatoriedade de se nacionalizar bancos e seguradoras.

Embora tenha sido permeada por uma sequência de graves percalços, a Constituição de 1946 trouxe em seu corpo regras de extrema importância que permaneceriam nas demais e garantiriam uma mudança na feição da história do Judiciário e da própria realização da Justiça no país. Infelizmente, como bem notado por Barroso[30] *sob o peso de três atos institucionais, vinte emendas constitucionais e cerca de quarenta atos complementares, desabou a Constituição de 1946.*

A Constituição de 1946 desaba com os olhos da sociedade totalmente voltados para o golpe militar de 1964. Com uma narrativa envolta por ter vivido referido momento histórico, vale trazer à colação as palavras de Barroso[31]:

---

(28) Art. 141 — A Constituição assegura aos brasileiros e aos estrangeiros residentes no País a inviolabilidade dos direitos concernentes à vida, à liberdade, a segurança individual e à propriedade, nos termos seguintes:
(...) § 4º — A lei não poderá excluir da apreciação do Poder Judiciário qualquer lesão de direito individual.
(29) *Op. cit.*, p. 399.
(30) *Op. cit.*, p. 34.
(31) *Op. cit.*, p. 36.

Em cumprimento ao disposto no Ato Institucional n. 1, o Congresso Nacional elegera, em 11 de abril de 1964, o Marechal Humberto Castelo Branco, para o fim de concluir o mandato do Presidente deposto (que se expirava em 31.1.66) e com o compromisso de realizar eleições para sua sucessão. A trajetória para a ditadura, contudo, já não era mais evitável. Pouco após, pela Emenda Constitucional n. 09 de 27.7.64, o mandato de Castelo Branco era prorrogado até 15 de março de 1967. [...] Desejoso de transmitir o cargo a seu sucessor já sob a égide da nova Carta e considerando que a legislação em curso findar-se-ia em 31 de janeiro de 1967, o Presidente baixou o Ato Institucional n. 4, de 7.12.66, convocando extraordinariamente o Congresso Nacional para votar, até 24 de janeiro, o anteprojeto de Constituição remetido pelo Governo.

Com três Atos Institucionais, Castro assinala que a Constituição de 1946 não podia mais ser concebida como uma Constituição de fato; foi então que uma nova Constituição fora providenciada, trazendo em seu bojo os Atos Institucionais, a Lei de Imprensa e a Lei de Segurança Nacional; em virtude de tal situação, conclui-se que:

> A Constituição de 1967 era nada mais que a de 1946, extraídos os pontos democráticos demais e incluídos os Atos Institucionais. Nesse sentido, o Executivo ganhou poder, inclusive para apurar crimes contra a segurança nacional, a ordem política e social etc.

É sabido que as discussões em torno de um novo texto constitucional tendem a ser acaloradas, pois representam o amadurecimento de ideias que passaram a reger a vida em sociedade. No caso da Constituição de 1967, o ambiente não fora propício para tal intento, haja vista que a convocação extraordinária já estipulava em suas razões prazo para votação. Tanto que, assinala Barroso[32], *em 13 de dezembro de 1968, culminando uma crise entre o governo e o Congresso, motivada por discurso do Deputado Márcio Moreira Alves, foi editado o Ato Institucional n. 5.*

Em termos genéricos, a Constituição de 1967 reproduziu as regras da Constituição anterior com relação às garantias conferidas aos juízes, além das vedações; a estruturação de competências permaneceu. Algumas modificações, se assim podem ser consideradas, foram tomadas, que a seguir serão reproduzidas:

a) mudanças na composição do Supremo Tribunal Federal, cuja composição fora alterada de 16 (dezesseis) para 11 (onze) Ministros;

b) alteração da competência do Supremo Tribunal Federal no julgamento dos recursos ordinário e extraordinário,

O Ato Institucional n.5 legitimava a irrestrita autoridade na República. Cabe destacar a competência do Presidente para determinar o recesso do Congresso

---

(32) *Op. cit.*, p. 37.

Nacional, em flagrante violação à independência dos Poderes, somada à possibilidade de intervenção federal nos Estado e Municípios — o que contraria em larga medida os ideais do pacto federativo —; além disso, o Chefe do Executivo poderia suspender direitos políticos e garantias dos juízes, mas, com toda certeza, de todas as medidas que poderiam ser tomadas pelo Presidente, havia uma que o deixava completamente seguro para o cometimento de arbitrariedades: impossibilidade de apreciação judicial dos atos praticados com fulcro no Ato Institucional, assim como nos complementares.

A disciplina atinente ao Judiciário tinha sua aplicabilidade eliminada ou, em determinadas situações, reduzida quando confrontada com a gama de poderes conferidas ao Chefe do Executivo por intermédio dos Atos Institucionais. Tratava-se de uma legitimação contra o disposto no texto Constitucional.

Barroso[33] traz a notícia relativa ao ano de 1968 o qual:

> [...] marca, também, o dramático surgimento da resistência armada ao regime militar. Compunham os quadros da guerrilha urbana, sobretudo, estudantes universitários, duramente reprimidos no período imediatamente anterior [...]. Vitimado por grave moléstia, Costa e Silva não pode permanecer no exercício da presidência. Seu substituto constitucional Pedro Aleixo é impedido de assumir pelos três Ministros militares, que em golpe de força, editam o Ato Institucional n. 12, investindo-se ilegitimamente nas funções governativas. O Congresso, que estava em recesso [...] é convocado e reúne-se em colégio eleitoral, para a homologação do nome dos novos Presidente e Vice-Presidente.

Ao tratar da Emenda de 69, Pedrosa[34] ressalta ser o AI-5 muito mais forte do que a própria Constituição em vigor, anotou também que daí extrai o que considera o ápice do poder ditatorial. Algumas conquistas podem ser assinalas no período pós-emenda 69, que abriria o caminho para o Estado Democrático de Direito, quais sejam: o milagre brasileiro, projeto Condor, lei da anistia, entre outros. Destaca:

> Ora, se um ato possui o poder de permitir que uma Constituição Federal seja considerada em vigor, é evidente que ele é muito mais forte que ela. Foi o ápice do poder ditatorial. Todas as Assembleias Estaduais, todas as Câmaras Municipais, tudo, enfim, estava sob controle permanente e todo poderoso da Revolução. Sequer o *habeas corpus* poderia ser impetrado, se o ato arbitrário fosse oriundo do Comando Militar. Os atos institucionais foram em número de dezessete.

O ano de 1979 é marcado pela votação da lei da anistia, a qual garantiria aos exilados a restituição paulatina dos direitos que lhe foram violados.

---

(33) *Op. cit.*, p. 38.
(34) *Op. cit.*, p. 412.

Em 1988, após o amadurecimento social e a crescente necessidade de fincar as bases da democracia, o Brasil tem promulgada a Constituição de 1988, que instituía o Estado Democrático de Direito. A Constituição Cidadã.

Pedrosa[35] destaca que:

> Impactos sucessivos foram ocorrendo no mundo e no Brasil. A distensão política, iniciado pelo General Presidente Ernesto Geisel foi gradativamente implementada, embora houvesse ainda muita resistência entre os militares, com eventos terríveis, como a bomba do Riocentro, que explodiu no colo de um sargento do Exército, e a bomba na OAB, que resultou na morte da secretária D. Lida Monteiro.

O último Presidente Militar, General João Batista Figueiredo, ainda tentou reverter as consequências geradas pelo movimento político contrário ao poderio militar, tendo o colégio eleitoral aprovado, ao final do mandato daquele, Tancredo Neves como próximo Presidente, em virtude do seu falecimento, José Sarney assumiu o comando da Nação em seu lugar.

2.2. Novos Horizontes. A Constituição de 1988

A Constituição de 1988 inicia o período de redemocratização no país. Ressalta Castro[36] que a partir de 1978, último ano do Presidente General Ernesto Geisel, forças populares democráticas se proliferavam pelo território. O primeiro acontecimento se deu com a greve dos metalúrgicos de São Paulo, e, tal fato foi marcante, tendo em vista que a legislação trabalhista proibia a deflagração do movimento paredista. Outras questões também refletiam negativamente no período de Geisel, como, por exemplo, o homicídio dos presos que se opunham ao governo.

> Com o governo do General João Batista Figueiredo, as esperanças acenderam-se, a palavra 'abertura', que indicava naquela época uma redemocratização, entrava novamente em voga. Mas o general que adorava equitação apenas substitui o AI — 5 pelas 'salvaguardas' pelos 'estados de emergência' com o mesmo efeito do Ato Institucional.

O governo militar procurava a todo custo impedir a redemocratização, contudo precisava lidar com a falta de apoio ao modelo ditatorial implantado, o que se agravou, especialmente, com a crise econômica verificada na década de 1970.

No final de 1983, rompeu o movimento "Diretas Já", que obteve seu ápice com a votação da Emenda Constitucional Dante de Oliveira, buscava restabelecer as eleições diretas. Foi então reunido um Colégio Eleitoral, contudo o Presidente eleito não chegou a assumir, em seu lugar assumiu José Sarney.

---

(35) *Op. cit.*, p. 413.
(36) *Op. cit.*, p. 559.

A sociedade brasileira encarou de várias maneiras a feitura de uma Constituição. Sem dúvida esperava-se que a democracia saísse vitoriosa depois de anos de mordaça, para maior parte do povo a Constituição era a esperança e aumentar sua participação política, econômica e social. Sob uma inflação galopante, os trabalhos constituintes se iniciaram em fevereiro de 1987 e, pela primeira vez na história do país, a Constituinte aceitava propostas encaminhadas pela população, as emendas populares[37].

Após vinte e cinco anos de regime militar, foram conferidos poderes constituintes ao Congresso Nacional, para que, temporariamente, funcionasse como constituinte. A instalação se deu pelo Presidente do Supremo Tribunal Federal, Ministro Moreira Alves, em 1º de fevereiro de 1987, que, posteriormente, elegeu Deputado Ulisses Guimarães como seu Presidente. O relatório foi apresentado em 25 de junho do mesmo ano pelo Senador Bernardo Cabral, Relator constituinte.

Barroso[38] considera que a Constituição de 1988 espelha a reconquista dos direitos fundamentais, especialmente os de cidadania e os individuais, afirmando a superação de um projeto autoritário imposto ao País:

> Os anseios de participação, represados à força nas duas décadas anteriores, fizeram da constituinte uma apoteose cívica, marcada, todavia, por interesses e paixões. Além das dificuldades naturais advindas da heterogeneidade das visões políticas, também a metodologia de trabalho utilizada contribuiu para as deficiências do texto final. Dividida, inicialmente, em 24 subcomissões e, posteriormente, em 8 comissões, cada uma delas elaborou um anteprojeto parcial, encaminhado à Comissão de Sistematização.

Para Barroso, essa falta de coordenação ocasionou as superposições e o detalhismo minucioso, prolixo, casuístico, inteiramente impróprio para um documento dessa natureza. Ressalta, ainda, o assédio dos *lobbies*, dos grupos de pressão de toda ordem, os quais deram origem a um texto com inúmeras esquizofrenias ideológicas e densamente corporativo.

Pedrosa[39] ressalta:

> Ante a insatisfação com o chamado entulho autoritário, verificou-se a necessidade de uma nova Constituição, livremente votada. Para orientar os trabalhos, foi constituída uma Comissão de Notáveis, dentre os maiores juristas, sociólogos, jornalistas, e outros, que, ouvindo sugestões enviadas pelo povo, propôs um esboço da Constituição, de

---

(37) CASTRO. *Op. cit.*, p. 560.
(38) *Op. cit.*, p. 42.
(39) *Op. cit.*, p. 414.

matriz parlamentarista. Inexplicavelmente, por motivos estranhos, o texto foi arquivado, e a Assembleia, que deveria ser convocada apenas para escrever uma nova Constituição Federal, acabou tendo esse de poder e o de prosseguir, em seguida, como Congresso regular.

É inegável, porém, que a partir de 1988, com a promulgação do Texto Constitucional, o Brasil experimentou uma profícua fase de conquistas, com especial destaque para os direitos fundamentais. Barroso destaca, também, a constitucionalização de importantes garantias, a exemplo da ação civil pública e do mandado de segurança coletivo. Com relação à organização dos Poderes, conferiu-se um maior equilíbrio, e a consequente atenuação dos Poderes do Executivo.

Embora o Supremo Tribunal já tenha se manifestado reiteradas vezes acerca do caráter não vinculante do preâmbulo constitucional, é importante conhecer sua redação e a partir dele caracterizar o espírito constitucional de 1988:

> Nós, representantes do povo brasileiro, reunidos em Assembleia Nacional Constituinte para instituir um Estado Democrático, destinado a assegurar o exercício dos direitos sociais e individuais, a liberdade, a segurança, o bem-estar, o desenvolvimento, a igualdade e a justiça como valores supremos de uma sociedade fraterna, pluralista e sem preconceitos, fundada na harmonia social e comprometida, na ordem interna e internacional, com a solução pacífica das controvérsias, promulgamos, sob a proteção de Deus, a seguinte CONSTITUIÇÃO DA REPÚBLICA FEDERATIVA DO BRASIL.

Constata-se que, na feitura da Constituição de 1988, os responsáveis agiam por representação do povo brasileiro, por meio de uma reunião em Assembleia Nacional Constituinte, cujo intuito primeiro era firmar as bases do Estado Democrático de Direito, o qual, entre outros direitos sociais e individuais, asseguraria a liberdade, a segurança, o bem-estar, o desenvolvimento, a igualdade e a justiça. Tais valores passaram a ser considerados supremos de uma sociedade, que dizia adeus a um período de incertezas, de mandos e desmandos de governos impostos, os quais não obedeciam a regras democráticas, mas apenas à ideia de exercício da força.

Castro[40] traça um panorama da sociedade brasileira:

> A sociedade brasileira encarou de várias maneiras diferentes a feitura de uma nova Constituição. Sem dúvida, esperava-se que a democracia saísse vitoriosa depois de anos de mordaça, para maior parte do povo a Constituição era a esperança de aumentar sua participação política, econômica e social. Para os partidos de esquerda, era o momento de se

---

(40) *Op. cit.*, p. 559.

remover o 'entulho autoritário', ou seja, uma série de leis e atos da ditadura que limitavam o exercício da cidadania. Para aqueles que comungaram do Regime Militar, era o momento de se fazer simplesmente uma reforma jurídica, curta e eficiente.

A disposição dos títulos constantes na Constituição de 1988 retrata a verdadeira virada comportamental do constituinte. O ponto de partida desse novo pensamento constitucional são os princípios fundamentais. A República Federativa do Brasil — formada pela união indissolúvel dos Estados, Municípios e Distrito Federal — constitui-se em Estado Democrático de Direito, cujos fundamentos são: soberania, cidadania, dignidade da pessoa humana, valores sociais do trabalho e da livre iniciativa e o pluralismo político.

A roupagem constitucional foi assim definida:

Preâmbulo.

Título I — Dos princípios fundamentais

Título II — Dos direitos e garantias fundamentais

Título III — Da organização do Estado

Título IV — Da organização dos Poderes

Título V — Da Defesa do Estado e das instituições democráticas

Título VI — Da tributação e do orçamento

Título VII — Da ordem econômica e financeira

Título VIII — Da ordem social

Título IX — Das disposições constitucionais gerais

Ato das disposições constitucionais transitórias.

A pessoa humana no centro das inquietações constitucionais. Uma gama de direitos não mais direcionados somente ao Estado, mas uma conformação de ideais pelo desenvolvimento humano. Um país que se diz laico, invocando em seu preâmbulo a proteção divina. Esta é a Constituição de 1988. Considerada analítica e de cunho predominantemente programático, que o desenrolar da história tem seus direitos implementados pela ação independente e harmônica dos três Poderes da República: Executivo, Legislativo e Judiciário.

Pedrosa destaca algumas das conquistas de 1988:

> O Poder Judiciário foi reconhecido com plena autonomia administrativa e financeira, além de melhor estruturado. O Ministério Público, a Defensoria Pública, e a Advocacia Pública receberam tratamento digno, além da lembrança e destaque indispensável à Ordem dos Advogados do Brasil. A criação dos Juizados Especiais foi outro passo largo e eficaz

na caminhada em direção ao cidadão. Enfim, é uma Constituição digna de ser lida e, principalmente, executada.

Com a dignidade da pessoa humana alçada ao posto de fundamento da República Federativa do Brasil, era necessário criar os mecanismos adequados para fazer valer essa premissa. Um Judiciário forte, conhecedor de seu papel na implementação dos direitos e garantias fundamentais; um Ministério Público ativo, na defesa desses mesmos direitos, livre das amarras autoritárias; e, a existência de uma Ordem dos Advogados do Brasil voltada sempre para a busca da justiça, por meio do desempenho de um trabalho técnico e de qualidade. Esse foi, esse é o cenário brasileiro.

Calamandrei ao tratar das relações entre juiz e advogado retrata:

> O direito, enquanto ninguém o perturba e o contraria, nos rodeia invisível e impalpável como o ar que respiramos, inadvertido como a saúde, cujo valor só compreendemos quando percebemos tê-la perdido. Mas, quando é ameaçado e violado, então, descendo do mundo astral em que repousava em forma de hipótese até o mundo dos sentidos, o direito encarna no juiz e se torna expressão concreta de vontade operativa através da sua palavra.

É através dessa palavra que surge o Processo Justo. Bedaque[41] leciona com clareza:

> [...] para conferir ao processo a natureza de instrumento eficaz de acesso à justiça, não basta assegurar o mero ingresso em juízo, isto é, a mera possibilidade de utilização desse método de solução de litígios. Exige-se a viabilização de determinado resultado, representado pela efetividade da proteção judicial, com a consequente manutenção do ordenamento constitucional e infraconstitucional.

A Constituição de 1988 pode ser caracterizada como uma Constituição principiológica, o juiz ao decidir precisa buscar a justiça, que se evidencia tanto em regras, mas especialmente em princípios. Nesse contexto, a atividade hermenêutica assume papel relevante, posto que o convencimento judicial precisa extrair seu fundamento de validade a partir de uma base legítima e forte. Ao juiz não é dado decidir, apenas, com base em suas convicções, é necessário que sua atividade esteja respaldada, e a hermenêutica fornece tal respaldo.

Entretanto, antes de incursionar no tema, é imperioso destacar a Reforma do Judiciário implementada pela Emenda Constitucional n. 45 de 2004, emblemática no que tange à busca do Processo Justo.

---

(41) BEDAQUE, José Roberto dos Santos. *Direito e processo* — influência do direito material sobre o processo. 6. ed. São Paulo: Malheiros, 2011. p. 61-62.

2.3. (Re) escrevendo a função do Judiciário a partir do acesso à justiça. Por um processo justo

O Judiciário, com o passar dos anos, e conforme se verifica na história da sociedade e nas disposições constitucionais, foi alçado a guardião das liberdades, o responsável pela tão almejada pacificação social. Para tanto tem se aparelhado esse Poder, a fim de que todas as condições de se alcançar um processo que dignifique a justiça. Um processo justo. Para tanto, com o fito de simplificar o trâmite processual, em 1995 foram criados os Juizados Especiais Cíveis Estaduais, e em 2001 os Federais.

Ao escrever sobre a judicialização da política e das relações sociais, Werneck[42] assinala *in verbis:*

> Os procedimentos abertos à comunidade dos intérpretes e a criação dos Juizados Especiais vêm dotando o Poder Judiciário de uma inédita capilaridade, deitando sua rede sobre a quase-totalidade do tecido social, da minoria parlamentar aos setores mais pobres da população. Instituição estratégica na solidarização da comunidade com a sua Constituição, o seu personagem — o magistrado — não pode se achar imune à intensa mobilização do direito e dos seus procedimentos por parte da sociedade civil, a nova arquitetura institucional dependendo, em boa parte, nos Tribunais e nos Juizados Especiais, do seu desempenho profissional, da sua orientação ética e do cumprimento do seu papel constitucional de guardião dos direitos fundamentais.

Compreende Werneck que a judicialização da política e das relações sociais não pode se basear na delegação da vontade do soberano a um grupo especializado de intérpretes do Direito, muito menos em uma justiça assistencialista, posto que ficaria impedida tanto a formação de cidadãos livres.

Convém, ainda, destacar o papel da mediação nos conflitos civis, importante aliada na busca da solução dos problemas sociais. Mancuso[43] considera que o papel desempenhado pela mediação, tendo em conta sua notória idoneidade, seja para prevenção como para a resolução justa das controvérsias, fortalece os laços de cidadania, posto que incentiva os contraditores a encontrarem por si mesmos a solução para seus impasses. Defende que:

> Ao contrário do que a princípio se possa supor, os meios alternativos não visam a competir com o Judiciário, nem lhe ocupar espaços, nem tampouco estabelecer reservas de mercado; diversamente, na medida

---

(42) VIANNA, Luiz Werneck ... (*et al.*) *A judicialização da política e das relações sociais no Brasil*. Rio de Janeiro: Revan, 1999. p. 43.
(43) MANCUSO, Rodolfo de Camargo. In: p Prefácio da obra *Mediação nos Conflitos Civis.*

em que os ADR´s previnem a judicialização dos conflitos ou facilitam a resolução célere e justa das lides judiciais, projetam relevante externalidade positiva: os juízes passam a manejar um estoque menor de processos, podendo aplicar o tempo assim poupado no exame e decisão de conflitos efetivamente carentes de passagem judiciária, a saber, os singulares, os complexos e os incompossíveis de outros modos.

Ao assumir a Presidência do Tribunal Superior Eleitoral no ano corrente, a Ministra Cármen Lúcia ressaltou a necessidade de modificar o ensino jurídico no país, pois havia a necessidade de fornecer aos alunos técnicas de conciliação. Conforme explicitado por Mancuso, quando se prega a necessidade da utilização dos mecanismos alternativos de resolução de conflitos, não se pretende afastar a intervenção do Judiciário, mas tão somente se busca conter o excesso de litigiosidade.

Tartuce[44] defende o uso da mediação nos conflitos civis ao defini-la como:

> A mediação consiste na atividade de facilitar a comunicação entre as partes para propiciar que estas próprias possam, visualizando melhor os meandros da situação controvertida, protagonizar uma solução consensual. A proposta da técnica é proporcionar um outro ângulo de análise aos envolvidos: em vez de continuarem as partes enfocando suas posições, a mediação propicia que elas voltem sua atenção para os verdadeiros interesses envolvidos. [...] As técnicas para obter tal mister são variadas, tendo por núcleo principal a provocação da reflexão dos indivíduos, muitas vezes fazendo perguntas pertinentes sobre o objeto litigioso e outros elementos relevantes para o deslinde da questão. Assim, tem-se que a regra básica da comunicação fundamental na mediação (assim como na negociação) é escutar com atenção, interrogar para saber mais e ir resumindo o que compreendeu para esclarecer pontos importantes do conflito. O mediador não impõe decisões, mas dirige as regras de comunicação entre as partes.

Em que pese a importância do movimento em prol da utilização dos mecanismos alternativos, como por exemplo, a mediação, o fato é que, em dezembro de 2004, foi publicada a Emenda Constitucional n. 45, conhecida como a Reforma do Judiciário. Foi dado mais um passo em busca de assegurar ao guardião dos direitos fundamentais maiores oportunidades, mas também se instituíram formas de controle que culminaram em discussões. Nesse diapasão, interessa à presente pesquisa os seguintes aspectos da emenda:

a) a duração razoável do processo judicial e administrativo;

b) tratados e convenções sobre direitos humanos, que aprovados em cada Casa do Congresso Nacional, por 3/5 dos votos dos respectivos membros, em dois turnos, serão equivalentes às emendas constitucionais;

---

(44) TARTUCE, Fernanda. *A mediação nos conflitos civis*. São Paulo: RT, 2011.

c) o Brasil se submete à jurisdição do Tribunal Penal Internacional;

d) criação do Conselho Nacional de Justiça (controle externo);

e) mínimo de três anos de atividade jurídica para ingresso na carreira, cujo cargo inicial é o de juiz substituto;

f) adoção de critérios objetivos nas promoções por merecimento;

g) impossibilidade de promoção, quando o juiz retiver os autos injustificadamente;

h) atividade jurisdicional ininterrupta;

i) quantidade de juízes será proporcional à demanda judicial e à população local;

j) deslocamento de causa envolvendo grave violação de direitos humanos para a Justiça Federal, mediante incidente proposto pela Procurador-Geral da República;

k) ampliação da competência da Justiça do Trabalho, mediante reformulação do disposto no art. 114 da Magna Carta;

l) súmula vinculante editada pelo Supremo Tribunal Federal, que de ofício ou por provocação, após reiteradas decisões sobre a matéria; entre outras inovações.

Percebe-se que o foco da referida emenda foi o de garantir um processo judicial mais adequado, tanto em termos de mecanismos — como foi o caso do incidente de deslocamento de competência de processos envolvendo grave violação de direitos humanos para a Justiça Federal — como de duração — nesse particular cumpre ressaltar a súmula vinculante, a repercussão geral das questões constitucionais, além da sistemática de recursos repetitivos, aplicável ao Recurso Especial, posteriormente inserida no Código de Processo Civil.

Um processo que não demande tempo em demasia, e, um Judiciário mais bem aparelhado. Isso refletiu no aumento de varas tanto na Justiça Federal quanto na Trabalhista. Na primeira, identifica-se o projeto de interiorização, Justiça esta que ficou durante um tempo alheia ao cenário brasileiro, tendo voltado apenas em 1970.

No que tange à grave violação dos Direitos Humanos, muita celeuma norteou tal modificação, posto que romperam vozes no sentido de creditar a esta a falta de estrutura das Justiças Estaduais. O que é um equívoco, tendo em vista que tal mudança reflete a importância no cenário mundial de crimes dessa magnitude, especialmente protegidos por tratados internacionais, o que por si só atrairia a competência da Justiça Comum Federal.

Outra modificação que, ainda, divide muitas opiniões refere-se à criação do Conselho Nacional de Justiça, com competência inclusive disciplinar para avocar processos que tenham sido julgados no ano interior à sua instalação. O país assistiu à punição de alguns magistrados. No próprio seio do Poder Judiciário, a discórdia acerca da efetividade e da legitimidade do que se denominou controle externo.

Visando a não concentrar a pesquisa em tais discussões, o fato é que a Emenda Constitucional n. 45 de 2004 promoveu uma revolução no Judiciário. A contar, por exemplo, com a adoção da Súmula Vinculante, em um país até então dominado por uma cultura dos códigos, onde a força da jurisprudência era colocada de lado. Isso refletiu, inclusive, no ensino jurídico, enquanto se discutia nas Constituições precedentes a influência da política na referida seara, a partir de 2004 as universidades precisam acompanhar essa nova forma de ser do Direito Brasileiro. Uma nova interpretação.

Cittadino[45] trata da chamada Interpretação "Comunitária" do Ordenamento Constitucional:

> O art. 5, XXXV, da Constituição Federal, declara que a 'lei não excluirá da apreciação do Poder Judiciário lesão ou ameaça a direito'. A primeira garantia que o texto revela é a de que cabe ao Poder Judiciário o monopólio da jurisdição. A segunda garantia consiste no direito de invocar a atividade jurisdicional sempre que se tenha como lesado ou simplesmente ameaçado um direito, individual ou coletivo. O constitucionalismo 'comunitário' brasileiro, ao conferir prioridade aos mecanismos jurídicos de participação que buscam efetivar o sistema de direitos assegurados pela Constituição, especialmente, contra as omissões dos Poderes Públicos, não tem qualquer dificuldade em fazer uma leitura ampliada desse dispositivo constitucional, defendendo a proeminência do Poder Judiciário, que deve desempenhar papel político relevante no sistema constitucional [...].

A atividade jurisdicional, conforme anota Cittadino, para o constitucionalismo "comunitário" não pode ficar absorvida por uma legalidade destituída de qualquer dimensão política. Uma dimensão política que não poderá se desfazer das orientações hermenêuticas.

Referido compromisso "comunitário", resultante de uma atividade jurisdicional criativa, ressalta Cittadino[46], que atenda às expectativas sociais, exprime-se na apreciação judicial de casos que englobem lesão ou ameaça de lesão, referente tanto a direito individual ou coletivo.

---

(45) CITTADINO, Gisele. *Pluralismo, direito e justiça distributiva*. Elementos da filosofia constitucional contemporânea. 3. ed. Rio de Janeiro: Lumen Juris, 2004. p. 64.
(46) *Op. cit.*, p. 68.

Em outras palavras, quando se trata de interpretação do ordenamento constitucional e do sistema normativo por ele presidido com vistas ao exame da violação ou ameaça a direitos fundamentais, não pode haver apreciação judiciária, sob pena do preceito constitucional segundo o qual 'a lei não excluirá da apreciação do Poder Judiciário lesão ou ameaça a direito'.

Não apenas o Judiciário precisa ter uma participação efetiva, às partes também deverá ser concedida tal prerrogativa, mediante os princípios constitucionais do contraditório e da ampla defesa. Um juiz que seja *intérprete/aplicador* do Direito, conforme conclama Mártires Coelho[47]:

> Em definitivo — porque ninguém nega que, nalguma medida, quando decide, todo juiz sempre cria direito — o essencial não é sabermos se ele pode ou deve assumir papel ativo e autônomo na elaboração do direito, mas determinarmos de que maneira e em que limites se dará essa inevitável e necessária colaboração, até porque, via de regra, toda lei precisa de consistência judicial, vale dizer de uma espécie de juízo de validação do Judiciário, para que se tenha como efetiva e definitivamente em vigor, sendo certo, ademais que a participação dos juízes na criação do Direito varia, significativamente, conforme o tipo de norma que se trata de interpretar, aplicar e desenvolver.

Mártires Coelho[48] ressalta o *panorama desafiador*, onde o Estado de Direito se *autocompreende*, e, ainda, se impõe pluralista e democrático, não descurando do seu compromisso de defender os direitos humanos. Anota importante questão relativa à postura do Poder Judiciário nesse novo compreender:

> De igual modo, não se pode exigir que o Judiciário, pelo receio de parecer ativista, se furte ao dever de dar a cada um o que é seu, de preferência *secundum legem* ou *praeter legem*, mas, se necessário, até mesmo *contra legem*, quando a lei se mostrar contrária ao direito [...]. Sendo esse o panorama atual, nos diferentes quadrantes do mundo jurídico, não seria aceitável que, no Brasil, se adotasse comportamento diverso e, na contramão da história ficássemos apegados, anacronicamente, ao princípio da separação dos poderes em sentido forte.

Essa atividade do magistrado não suplanta o princípio obrigatório e balizador do Estado Democrático de Direito, o da separação dos poderes, mas permite ao magistrado atuar a partir da hermenêutica de forma legítima.

---

(47) COELHO, Inocêncio Mártires. *Ativismo judicial ou criação do direito*. Rio de Janeiro: Lumen Juris, 2011. p. 478.
(48) *Op. cit.*, p. 493.

Conforme assinala Branco[49]:

> Quando atua dentro das fronteiras dessa margem de discricionariedade interpretativa não se abre ao julgador, por força da separação de poderes e das exigências da democracia representativa num Estado Democrático de Direito, desmerecer as opções feitas pelos poderes políticos representativos. Se o faz, a decisão pode ser materialmente comportável na Constituição, mas se desmerecerá por invadir espaço próprio de outros poderes. [...] Como se nota, se ainda não se tem, mesmo com esse esforço, um critério absoluto e indefectível para assinalar a existência de uma decisão impropriamente ativista — afinal a descoberta das zonas de ação cobertas pela margem de discricionariedade do legislador também depende de esforço argumentativo —, ao menos se pode contar com um paradigma metodologicamente mais apurado.

Branco ratifica sua preocupação com o conceito de ativismo judicial, em artigo denominado *Em busca de um conceito fugidio — O ativismo judicial;* no qual relata que não apenas no Direito, mas também em outras áreas do conhecimento, determinadas expressões linguísticas *assumem um significado tão débil no seu conteúdo quanto forte na sua carga emocional.* Daí asseverar[50]:

> Isso acontece com expressões largamente difundidas. Veja-se o que ocorre com o postulado da "dignidade da pessoa humana". A assemelhá-los esses casos compartilham o resultado que o desânimo especulativo frequentemente lhes vota — a renúncia ao esforço por lhes discernir os elementos essenciais, preferindo-se o foco no que a intuição insinua. Com o chamado princípio da dignidade da pessoa, não raro se diz que, não sendo definível, seriam perceptíveis, contudo os casos em que é afrontado — conduzindo a esperados embaraços nos chamados casos difíceis, em que a própria intuição se vê embaralhada por impressões viáveis, mas autoexcludentes e de impossível harmonização.

Encontrar as bases de um processo justo, conferindo ao Juiz *intérprete/ aplicador* possibilidades de decisão e concretização de direitos sem as amarras do passado — onde o Executivo monopolizava as possibilidades; mas que seja legitimado no presente. Sem que o ativismo judicial seja pensado e exercido de forma arbitrária. Um ativismo lastreado na hermenêutica. Por um processo justo.

Após incursionar na história das Constituições brasileiras, enfatizando o momento político em que cada uma delas foi escrita, bem como o papel do Judiciário nestas, a pesquisa toma direção para o chamado processo justo; segundo Mitidiero[51]:

---

(49) BRANCO, Paulo Gustavo Gonet. Em busca de um conceito fugidio — o ativismo judicial. In: *As novas faces do ativismo judicial*. Rio de Janeiro: Lumen Juris, 2011. p. 400.
(50) *Op. cit.*, p. 387.
(51) MITIDIERO, Daniel. Direito fundamental ao processo justo. In: *Revista Magister de Direito Civil e Processual Civil*. V. 1 (jul./ago. 2004) Porto Alegre: Magister, 2004. p. 24.

O direito ao processo justo é um modelo mínimo de conformação do processo. Com rastro fundo na história e desconhecendo cada vez mais fronteiras, o direito ao processo justo é reconhecido pela doutrina como um modelo de expansão (tem o condão de conformar a atuação do legislador infraconstitucional), variável (pode assumir diversas formas, moldando-se às exigências do direito material e do caso concreto) e perfectibilizável (passível de aperfeiçoamento pelo legislador infraconstitucional). É tarefa de todos que se encontram empenhados no império do Estado Constitucional delineá-lo e densificá-lo.

Mitidiero[52] elenca o que considera âmbito de proteção, ao dispor que o direito ao processo justo possui natureza processual, no entanto impõe *deveres organizacionais* ao Estado, tanto no âmbito legislativo, judiciário e executivo. Daí entender que por esse motivo se enquadra na categoria dos direitos *à organização e ao procedimento*. E:

> A legislação infraconstitucional constitui um meio de densificação do direito ao processo justo pelo legislador. É a forma pela qual se cumpre com o seu dever de organizar um processo idôneo à tutela dos direitos. As leis processuais não são nada mais, nada menos do que concretizações ao processo justo. O mesmo se passa com a atuação do Executivo e do Judiciário. A atuação da administração judiciária tem de ser compreendida como uma forma de concretização do direito ao processo justo. O juiz tem o dever de interpretar e aplicar a legislação processual em conformidade com o direito fundamental ao processo justo. [...] O direito ao processo justo visa assegurar a obtenção de uma decisão justa.

Qualquer processo está jungido ao controle de sua justiça processual, segundo Mitidiero, como condição indispensável para sua legitimidade perante nossa ordem constitucional. Seja nos processos jurisdicionais ou nos não jurisdicionais, incide obrigatoriamente a consecução do processo justo, como forma de alcançar os valores protegidos pela Constituição de 1988, salvaguarda dos direitos e garantias fundamentais.

Mauro Cappelletti ao escrever sobre o acesso à justiça, mais efetivamente sobre o que considera como a terceira onda, conhecida como enfoque no acesso à justiça. Cappelletti se debruçou sobre a questão dos Juízes Legisladores, mas também se preocupou com a responsabilidade desse Juiz no incremento do Acesso à Justiça. Daí afirmar que[53]:

---

(52) *Op. cit.*, p. 25.
(53) CAPPELLETTI, Mauro. *Juízes irresponsáveis?* Tradução Carlos Alberto Alvaro de Oliveira. Porto Alegre: Safe, 1989. p. 23.

> [...] as responsabilidades (no sentido de poderes) processuais e substanciais dos juízes expandiram-se extramente nas sociedades modernas. Por isso, é de todo natural que também o correlativo problema da responsabilidade, tenha se tornado particularmente agudo e sentido como tal bem além do número limitado dos especialistas.

Cappelletti[54] aponta dois obstáculos que considera historicamente reais, no entanto inaceitáveis, à admissão da responsabilidade judicial, quais sejam: o princípio segundo o qual o Estado não pode cometer injustiça e o princípio da *res judicata facit jus*. De acordo com este segundo, embora tenha havido o abandono do princípio da irresponsabilidade do Estado em todas as suas atividades públicas, ressalta o mestre italiano que *ainda hoje é difícil de morrer em alguns países: a irresponsabilidade do Estado e dos seus agentes, por danos causados às partes por decisão judiciária injusta.*

Para compreender o processo justo, idôneo a ofertar uma decisão justa, não se pode afastar da nova função dada ao processo contemporâneo.

Assinala Werneck[55] que em torno do Judiciário está sendo criada uma nova arena pública, externa ao circuito clássico; nesse novo contexto, os procedimentos políticos de mediação cedem espaço aos judiciais, tornando o Judiciário suscetível a uma interpelação direta de indivíduos, de partidos e, ainda, de grupos sociais. Esse movimento originou um novo personagem da *intelligentsia*: os Magistrados e os Membros do Ministério Público.

Menezes[56], em artigo dedicado ao estudo do Novo Processo Civil Brasileiro, analisa a função do magistrado e a expectativa social, para quem:

> O jurisdicionado compreende o Poder Judiciário como uma função do Estado desempenhada por pessoas. Assim, tem a legítima expectativa de que sua pretensão, seja apreciada por alguém com conhecimento técnico, sensibilidade humana e imparcialidade. O cidadão quer a chance de um diálogo humano com a pessoa que, ao final, decidirá uma parte de sua vida. É justa essa expectativa.

Embasado nas lições de Garapon, o papel inovador do juiz, defende Werneck[57], estaria na reestruturação do tecido da sociabilidade. Funcionaria o juiz como engenheiro e terapeuta social diante do que considera "pontos quentes", como é caso das drogas, posto que desempenharia uma função primordial na explicitação de um sentido do Direito. No que considera arena de aquisição de direitos, vislumbra ser esta o campo de vivência da democratização do acesso à justiça.

---

(54) *Op. cit.*, p. 27.
(55) *Op. cit.*, p. 22-23.
(56) MENEZES, Gustavo Quintanilha Telles de. *A atuação do Juiz na direção do processo*. Rio de Janeiro: Forense, 2011. p. 183.
(57) *Op. cit.*, p. 27.

E, assim, diferentes aspectos acabam sendo abordados de um mesmo problema: o que é e como se alcança o processo justo?

Para responder à complexa indagação, necessário se fez avaliar o papel da hermenêutica e sua influência no juiz intérprete/aplicador; a partir de tais dados em que consistiria o justo, afinal, o conceito de justiça não se extrai de uma simples relação de causa/efeito e, por fim, como assegurar a higidez de uma decisão justa, prolatada em anterior atividade hermenêutica com base no critério do justo?

São tais indagações que permearam a presente pesquisa e passam a ser expostas.

3. A HERMENÊUTICA COMO INSTRUMENTO PARA UMA DECISÃO JUSTA

O presente capítulo que tem como suporte teórico a obra *Verdade e Método I e II*, de Hans-Georg Gadamer; *Introdução à Hermenêutica Filosófica*, de Gean Grondin (1999); e as ideias de Lenio Luiz Streck, em *Hermenêutica Jurídica E (m) Crise*. Trata do problema da hermenêutica, em especial da hermenêutica filosófica, e tem por objetivo estabelecer a diferença entre a hermenêutica clássica, vista como pura técnica de interpretação, e a hermenêutica filosófica, de matriz Gadameriana que visa ao sentido; demonstrar a importância dos três momentos fundamentais do processo hermenêutico: compreender, interpretar e aplicar e do círculo hermenêutico para o atingimento do processo justo.

3.1. Definição, função, sentido e história

3.1.1. Definição, função e sentido

A palavra *hermenêutica*, segundo Grodin[58], deriva do grego *hermèneûs, hermèneutik e hermènêia*. Para Filón de Alexandria *hermènêia* é logos *expresso em palavras, manifestação do pensamento pela palavra*. Está associada a Hermes, deus mediador, patrono da comunicação e do entendimento humano, a quem os gregos atribuíam a origem da linguagem e da escrita. Tinha como função tornar inteligível aos homens a mensagem divina.

O primeiro registro da palavra "hermenêutica" como título de livro encontra-se em *Hermeneutica sacra sive methodus exponendarum sacrarum litterarum*, escrita por Dannhauer, em 1654. A partir de então se passa a distinguir uma hermenêutica teológico-filosófica e uma hermenêutica jurídica.

Em sentido teológico[59], a hermenêutica significa a arte de interpretar corretamente a Sagrada Escritura, que, sendo de tempos muito remotos, despertava,

---

(58) GRONDIN, J. *Introdução à hermenêutica filosófica*. Tradução de Benno Dischinger. São Leopoldo: UNISINOS, 1999. p. 56.
(59) GADAMER, Hans-Georg. *Verdade e método* — traços fundamentais de uma hermenêutica filosófica. V. 2. Petrópolis, RJ: Vozes, 1997. p. 115.

já nos tempos da Patrística, uma consciência metodológica, sobretudo no livro *De doctrina christiana* de Agostinho. [...] a motivação principal era de caráter normativo: na hermenêutica teológica assim como na hermenêutica humanística da Idade Moderna, o que importa é a correta interpretação daqueles textos que contêm o que realmente é decisivo, e que se deve recuperar. [...] Deve-se resgatar e renovar seu sentido originário, encoberto e desfigurado[60].

Segundo Grondin[61], o termo hermenêutica, no atual uso linguístico, pode significar: explanação, explicação, tradução, exegese ou interpretação nas mais variadas áreas de conhecimento. Por conta disso, ela pode ser definida como:

Doutrina da arte da compreensão e da interpretação.

Teoria ou metodologia de compreensão e interpretação da fala e do texto.

Ciência e arte da interpretação.

A arte de interpretar o sentido das palavras, das leis, dos textos e de outras formas de interação humana.

Linguagem capaz de articular o sentido e a compreensão da verdade numa perspectiva fundamentalmente filosófica, viabilizando a crítica e a autocrítica no processo de compreensão da verdade.

Até o final do século passado, a hermenêutica assumia normalmente a forma de uma doutrina que prometia apresentar as regras de uma interpretação competente. Sua intenção era de natureza predominantemente tecnonormativa e se *restringia à tarefa de fornecer às ciências declaradamente interpretativas algumas indicações metodológicas a fim de prevenir, do melhor modo possível, a arbitrariedade no campo da interpretação de textos ou de sinais*[62].

Como arte, de âmbito universal de interpretar o sentido das palavras, das leis, dos textos, dos signos, da cultura e de outras formas de interação humana, a hermenêutica pode ser considerada, para Gadamer, como um ramo da filosofia que tem como principal finalidade a compreensão humana. Numa perspectiva da hermenêutica filosófica — que tem sua origem em Heidegger e o seu desenvolvimento especialmente em Hans-Georg Gadamer e Paul Ricoeur —, a hermenêutica possui uma função crítica e não se restringe, como ocorria em outras épocas, a uma teoria ou metodologia de compreensão e interpretação da fala e do texto. Nessa perspectiva, cabe-lhe determinar o verdadeiro sentido das ciências do espírito e a verdadeira amplitude e significado da linguagem humana.

---

(60) GADAMER, Hans-Georg. *Op. cit.*, p. 115.
(61) *Op. cit.*, p. 23.
(62) BRITO, Rosa. A hermenêutica e o processo de construção do conhecimento. p. 3. In: Revista Dialógica. <www.ufam.edu.br>.

3.1.2. De cânon de interpretação à hermenêutica filosófica: história

Do ponto de vista histórico, Brito[63] destaca que a hermenêutica perpassa o domínio da filosofia desde a antiguidade clássica até os nossos dias. Como doutrina da arte da compreensão e da interpretação, tem seu desenvolvimento em dois caminhos diversos: o teológico e o filológico. Em ambos os terrenos, a hermenêutica procurava pôr a descoberto o sentido original dos textos.

Será Platão (427 a. C.) o primeiro a utilizá-la. Filón e Clemente de Alexandria vão entendê-la como a manifestação do pensamento pela linguagem. Agostinho (354-430), que desenvolveu na sua *Doctrina christiana* a teoria hermenêutica reconhecidamente mais eficaz do "mundo antigo", conforme destaca Brito, irá utilizá-la como doutrina da interpretação, em especial, das passagens obscuras da Sagrada Escritura, em busca da "verdade viva" porque, segundo afirma, a busca do seu entendimento, de acordo com Grodin[64], *não é nenhum processo indiferente, meramente epistêmico, que se passa entre um sujeito e um objeto, ele atesta a inquietação e maneira de ser de um ente que aspira por sentido.*

Na Antiguidade e na Idade Média (Patrística) havia apenas regras hermenêuticas esparsas. Com Lutero, a hermenêutica como arte da interpretação será revitalizada como exegese das Escrituras. Mas será com Mathias Flacius Ilyricus (1520-1575) com a sua *Clavis scripture sacre* de 1567, que será possível falar, pela primeira vez, de uma teoria hermenêutica, ou hermenêutica sistemática da Sagrada Escritura, cujo peso da interpretação recai sobre os conhecimentos gramaticais e linguísticos. Como afirma Grondin, a universalidade da hermenêutica, até então existente, estava limitada ao domínio do discurso religioso, o que para a Idade Média não apresentava qualquer limitação porque o entendimento vigente era de que as Escrituras detinham todos os conhecimentos que homem deveria possuir.

A partir da modernidade, Brito[65] adverte que a hermenêutica teve de desvencilhar-se dos enquadramentos dogmáticos e libertar a si mesma para elevar-se ao significado universal de um *organon* histórico cuja tarefa era superar a estranheza ligada à individualidade do tu, em busca do "diálogo significativo", onde compreensão é, de princípio, entendimento. Com essa "liberação da interpretação do dogma", a reunião das Escrituras Sagradas assume o papel de fontes históricas que, na qualidade de obras escritas, têm de se submeter a uma interpretação não somente gramatical, mas também histórica. A partir de então, não há mais nenhuma diferença entre a interpretação de escritos sagrados e profanos e, portanto, apenas uma hermenêutica que tem não apenas uma função propedêutica

---

(63) *Op. cit.*, p. 6.
(64) *Op. cit.*, p. 72.
(65) *Op. cit.*, p. 4.

de toda a historiografia, mas ainda toda a atividade da historiografia, fazendo nascer aí a concepção de uma hermenêutica universal.

Com a modernidade, todavia, o círculo do que tinha valor de leitura, de interpretação, amplia-se por intermédio da valorização do estudo dos clássicos gregos e latinos e pela necessidade de interpretação dos juristas e dos médicos. Brito[66] assinala que, a partir do século XVII, surge a necessidade de um novo *Organon* do saber, ou seja, de uma nova doutrina metodológica para as ciências. Em 1620, Francis Bacon nos oferece o *Novum Organum* e Descartes, o *Discours de la Méthode*, em 1637, ambos recomendados como novas propedêuticas das ciências e da filosofia. Através do que a hermenêutica é entendida a arte de compreender, interpretar e traduzir de maneira clara os signos inicialmente obscuros, Spinosa irá utilizá-la como forma correta e objetiva de interpretação da Bíblia.

Com Dannhauer, Meyer e Chladenius, segundo Grandin, a hermenêutica adquiri *status* como teoria geral da interpretação, rompendo o quadro das hermenêuticas especiais (teológica, jurídica etc.) para delinear a universalidade do "processo hermenêutico de compreensão e interpretação". A hermenêutica de Dannhauer foi desenvolvida no curso de uma busca por uma nova metodologia das ciências desvinculadas da escolástica. De acordo com Brito[67], será ele o primeiro a utilizar, em 1654, a palavra hermenêutica no título de um livro: *Hermeneutica sacra sive methodus exponendarum sacrum litterarum*. Nele, ao afirmar que *no vestíbulo de todas as ciências, na propedêutica, portanto, deveria existir uma ciência universal do interpretar* é possível vislumbrar o germe de uma hermenêutica universal.

A *Introdução para a correta interpretação de discursos e escritos racionais* (1742), de Johan Martin Chladenius (1710-1759), proporciona, conforme assinala Brito[68], novos horizontes para a hermenêutica filosófica, ao desvincular da lógica a hermenêutica geral ou doutrina da interpretação e colocá-la como outro grande ramo do saber humano. A partir de então, a hermenêutica passa a ser dividida em: Geral — que se aplica à interpretação de qualquer obra escrita; Específica — que se aplica a leis, histórias, profecias, poesias etc.

A hermenêutica como arte universal da interpretação tem em Meier (1718-1777) um novo impulso de universalização. Segundo Grondin[69], nela o âmbito de aplicação da arte universal da interpretação se estende muito além do horizonte do escriturístico e passa a incluir o todo global dos sinais. Na elaboração de sua hermenêutica semiótica afirma:

---

(66) *Op. cit.*, p. 8.
(67) *Op. cit.*, p. 8.
(68) *Op. cit.*, p. 10.
(69) *Op. cit.*, p. 107.

A arte da interpretação, em sua compreensão mais ampla é a ciência das regras através de cuja observância os significados podem ser reconhecidos por seus sinais; a arte da interpretação, em sua compreensão mais restrita, é a ciência das regras que se deve observar quando se quer conhecer o sentido a partir do discurso e expô-lo aos outros.

Com Schleiermacher (1768-1834), a hermenêutica passa a ser desenvolvida como arte da compreensão. Tendo seu ponto de partida em Ast e Schlegel chegará ao entendimento de que *compreender significa, de princípio, entender-se uns com os outros* e que *compreensão é, de princípio, entendimento*. Segundo Gadamer[70], a preocupação de Schleiermache não recai sobre a situação pedagógica da interpretação que procura ajudar a compreensão do outro (Spinoza e Chladenius), ao contrário, *nele a interpretação e a compreensão se interpenetram tão intimamente como a palavra exterior e interior que todos os problemas da interpretação são, na realidade, problemas da compreensão.*

O seu diferencial está, segundo Brito[71], em ter introduzido a função psicológica no processo de interpretação, onde o que é visado não é apenas a linguagem a partir da totalidade de seu uso, mas, e fundamentalmente, a compreensão de um espírito onde o que deve ser compreendido não é apenas a literalidade das palavras e seu sentido objetivo, mas, também, a individualidade de quem fala e, consequentemente, a do autor. Ler um texto é dialogar com o autor, esforçando-se para apreender a sua real intenção e compreender o seu espírito por intermédio da decifração de suas obras com vista à compreensão, conceito básico e principal finalidade de toda questão hermenêutica. A interpretação psicológica de Schleiermacher tornar-se-á determinante para a formação das teorias do século XIX, especialmente para Dite.

A reflexão sobre a hermenêutica de Wilhelm Dite (1833-1911) parte do fenômeno da compreensão, tendo por suporte o entendimento de que "compreender é compreender uma expressão". Por conta disso, pontua Brito[72], *procura diferenciar as relações do mundo espiritual das relações causais no nexo da natureza onde a âncora utilizada para fundamentar filosoficamente as ciências do espírito será a experiência interior, ou "fatos da consciência".* A hermenêutica representa para Dite mais do que um instrumento, segundo Gadamer[73], *é o médium universal da consciência histórica, para a qual não existe nenhum outro conhecimento da verdade do que compreender a expressão e, na expressão a vida. Nele cada expressão ou enunciado brota de um aconselhar-se a si mesmo que procura reviver a compreensão que consiste nas ciências do espírito, num retorno do manifestado para o interior, ou seja, para a autorreflexão que se dá a*

---

(70) *Op. cit.*, p. 288.
(71) *Op. cit.*, p. 11.
(72) *Op. cit.*, p. 11.
(73) *Op. cit.*, p. 367.

conhecer na expressão. A investigação do processo da palavra interior, que se encontra por detrás da expressão, torna-se, agora, tarefa central de todas as ciências do espírito que pretendem compreender.

Heidegger (1889-1976) elabora suas ideias sobre a hermenêutica direcionando-a para o terreno da faticidade humana. Com ele, a compreensão humana se orienta a partir de uma pré-compreensão que emerge da eventual situação existencial que demarca o enquadramento temático e o limite de validade de cada tentativa de interpretação. Na sua "hermenêutica existencial da faticidade", como muito bem apontado por Brito[74]:

> [...] o 'Dasein', o *ser-aí* humano, se caracteriza por uma interpretação que lhe é peculiar que se encontra antes de qualquer locução ou enunciado. Em seu conceito de compreensão sustentado na fórmula: 'entender-se sobre algo', Heidegger afirma que entender teoricamente um contexto, fato ou coisa, significa estar em condições de enfrentá--los, levá-los a cabo, poder começar algo com eles.

Segundo Grodin[75], essa compreensão é concebida por ele como compreensão "existencial", ou seja, como modo de ser por força do qual nós conseguimos e procuramos nos situar neste mundo.

Na hermenêutica tradicional, a interpretação funcionava como meio para a compreensão, ou seja, em primeiro lugar vinha a interpretação, depois e a partir dela, a compreensão. Para Heidegger, conforme anota Gesta Leal[76], *a interpretação quer ajudar a pré-compreensão a ser transparente a fim de evitar o equívoco pessoal, ou seja, que os nossos preconceitos não esclarecidos exerçam aí sua despercebida dominação e assim escondam o específico do texto.* Na sua hermenêutica existencial, Heidegger inverterá essa relação teleológica. O primário será dado à compreensão, e a interpretação irá consistir exclusivamente na configuração ou elaboração da compreensão. No desenvolvimento de suas ideias sobre a interpretação compreensiva, Heidegger[77] dirá que:

> Toda interpretação correta tem de proteger-se contra a arbitrariedade da ocorrência de 'felizes ideias' e contra a limitação dos hábitos imperceptíveis do pensar, e orientar sua vista 'às coisas elas mesmas' [...]. Pois o que importa é manter a vista atenta à coisa, através de todos os desvios a que se vê constantemente submetido o intérprete em virtude das ideias que lhe ocorrem. Quem quiser compreender um texto realiza sempre um projetar. Tão logo apareça um primeiro sentido no texto, o

---

(74) *Op. cit.*, p. 11.
(75) *Op. cit.*, p. 161.
(76) LEAL, Rogério Gesta. *A contribuição de Gadamer como ferramenta à hermenêutica jurídica.* p. 4.
(77) In: *Verdade e Método II,* p. 172.

intérprete prelineia um sentido do todo. Naturalmente que o sentido somente se manifesta porque quem lê o texto lê a partir de determinadas expectativas e não perspectiva de um sentido determinado. A compreensão do que está posto no texto consiste precisamente na elaboração desse projeto prévio, que, obviamente tem ir sendo constantemente revisado com base no que se dá conforme se avança na penetração do sentido. Deixar-se determinar pela própria coisa é a tarefa primeira, constante e última do intérprete.

3.2. Hermenêutica gadameriana

Enquanto Dilthey amplia a hermenêutica na direção de uma metodologia universal das ciências do espírito e Heidegger a direciona para o terreno da faticidade humana, Gadamer, descreve Britto[78], a configurará a partir da consciência da descrição fenomenológica e da abrangência do horizonte histórico, na perspectiva de uma hermenêutica filosófica que ultrapasse o campo do controle da metodologia científica.

3.2.1. Estruturação

Na construção de sua hermenêutica filosófica, em *Verdade e Método*, tendo como paradigma a *conscienciosidade[79] da descrição fenomenológica que Husserl nos tornou um dever, a abrangência do horizonte histórico, onde Dilthey situou todo o filosofar, e a compenetração de ambos os impulsos, cujas ideias recebemos de Heidegger*, Gadamer irá questionar e analisar a metodologia das ciências do espírito a partir da ideia de que o fenômeno da compreensão e da correta interpretação, muito além de restringir-se ao âmbito das ciências, pertence já à experiência do homem no mundo. A análise dessa experiência é desenvolvida por ele em três momentos: a experiência da arte, a compreensão dentro das ciências históricas do espírito e o desenvolvimento do fenômeno da linguagem como a experiência humana no mundo.

Segundo afirma[80], *Hermenêutica significa em primeiro lugar práxis relacionada a uma arte. Sugere a "tekhne" como palavra complementária. A arte, em questão aqui, é a arte do anúncio, da tradução, da explicação e interpretação, que inclui naturalmente a arte da compreensão que lhe serve de base e que é sempre exigida quando o sentido de algo se acha obscuro e duvidoso.*

Contra a reivindicação universal da metodologia científica, o propósito de Gadamer[81] é *procurar por toda parte a experiência da verdade que ultrapassa o*

---

(78) *Op. cit.*, p. 11.
(79) BRITTO. *Op. cit.*, p. 10.
(80) *Op. cit.*, p. 112.
(81) *Op. cit.*, p. 32.

campo de controle da metodologia científica, e indagar de sua própria legitimação, onde quer que a encontre.

A sua hermenêutica não é uma doutrina de métodos das ciências do espírito, mas a tentativa de um acordo sobre o que são na verdade as ciências do espírito para além de sua autoconsciência metódica, e o que as vincula ao conjunto da nossa experiência do mundo. No seu entendimento, se tomarmos a compreensão como objeto de reflexão, ultrapassaremos, com certeza, a doutrina artificial da compreensão da hermenêutica tradicional da filologia e da teologia.

3.2.2. O círculo hermenêutico como estrutura prévia da compreensão em Heidegger e Gadamer

Para estabelecer os traços fundamentais de uma teoria hermenêutica, Gadamer[82] inicia pela estrutura ontológica (universal) do círculo hermenêutico. Para ele o conceito de círculo hermenêutico significa que "no âmbito da compreensão não se pretende deduzir uma coisa de outra, de modo que o erro lógico da circularidade na demonstração não é aqui nenhum defeito do procedimento, mas representa a descrição adequada da estrutura do compreender". Segundo afirma, a expressão "círculo hermenêutico" foi introduzida por Dilthey em contraste com o ideal de racionalidade lógico e sugere, em realidade, a estrutura do ser-no-mundo, quer dizer, a superação da divisão entre sujeito e objeto.

Ao tratar da questão do círculo hermenêutico, de vital importância no processo de compreensão, Gadamer[83] nos diz que a regra hermenêutica, segundo a qual devemos compreender o todo a partir do singular e o singular a partir do todo, provém da retórica antiga e foi transferido, pela hermenêutica moderna, da arte de falar para a arte de compreender [...] que o movimento de compreensão transcorre sempre do todo para a parte e, desta, de volta para o todo. A tarefa é ampliar, em círculos concêntricos, a unidade do sentido compreendido. O critério que cada vez mais se há de empregar para constatar a justeza da compreensão é a concordância de todas as partes singulares com o todo. A falta dessa concordância significa o fracasso da compreensão.

Ao desenvolver a questão, afirma[84] que Schleiermacher diferenciou esse círculo hermenêutico da parte e do todo, tanto no seu aspecto objetivo quanto subjetivo. E explicita dizendo:

> Assim como a palavra singular pertence ao contexto da frase, Britto[85] assinala que também o texto singular pertence ao contexto da obra de

---

(82) *Op. cit.*, p. 382.
(83) *Op. cit.*, p. 72.
(84) *Op. cit.*, p. 73.
(85) *Op. cit.*, p. 10.

seu autor, e este ao todo do respectivo gênero literário ou da respectiva literatura. Por outro lado, enquanto manifestação de um momento criador, o mesmo texto pertence ao todo da vida espiritual de seu autor. A compreensão dar-se-á a cada vez neste todo objetivo ou subjetivo.

Ao desenvolver a questão da estrutura circular da compreensão, Heidegger[86] o faz recuperando sua significação de conteúdo, a partir da análise da existência. Segundo nos ensina em *Ser e Tempo*, o círculo não deve ser rebaixado a um *vitiosum*, mesmo que apenas tolerado.

Nele se esconde a possibilidade positiva do conhecimento mais originário que, de certo, só pode ser apreendido de modo autêntico se a interpretação tiver compreendido que sua primeira, única e última tarefa é de não se deixar guiar, na posição prévia, visão prévia e concepção prévia, por conceitos ingênuos e "chutes".

Mas o ponto culminante da reflexão hermenêutica heideggeriana não se encontra, segundo Gadamer, na demonstração de que há um círculo, mas no fato de Heidegger derivar fundamentalmente a estrutura circular da compreensão a partir da temporalidade da presença e desse círculo possuir um sentido ontológico positivo, onde toda interpretação correta deve guardar-se da arbitrariedade dos "chutes" e do caráter limitado de hábitos mentais inadvertidos, de maneira a voltar-se para "as coisas elas mesmas". Deixar-se determinar pelas coisas mesmas é realmente, segundo Heidegger, a "primeira, única e última tarefa" porque é importante manter o olhar firme para as coisas mesmas até que seja possível superar as errâncias que atingem o processo do intérprete, a partir de sua própria posição.

O processo descrito por Heidegger para a compreensão de um texto procura mostrar que na realização de um projeto é preciso projetar o sentido do todo tão logo se mostre um primeiro sentido no texto; que a compreensão daquilo que está no texto consiste na elaboração desse projeto prévio, que sofre uma constante revisão à medida que aprofunda e amplia o sentido do texto; que cada revisão do projeto prévio pode lançar um outro projeto de sentido; que projetos conflitantes podem posicionar-se lado a lado na elaboração, até que se confirme de modo mais unívoco a unidade de sentido; que a interpretação começa com conceitos prévios substituídos depois por conceitos mais adequados. É esse constante projetar que perfaz o movimento semântico de compreender e de interpretar.

Segundo entende, quem procura compreender está sujeito a errar por causa das opiniões prévias, que não se confirmam nas coisas mesmas.

A constante tarefa do compreender consiste em elaborar projetos corretos, adequados às coisas, isto é, ousar hipóteses que só devem ser confirmadas "nas coisas elas mesmas"[87]. Aqui não há outra objetividade além da elaboração da

---

(86) HEIDEGGER, Martin. *Ser e tempo*. Rio de Janeiro: Vozes, 1989. p. 210.
(87) GADAMER. *Op. cit.*, p. 75.

opinião prévia a ser confirmada. [...] o intérprete não vai diretamente ao "texto", a partir da opinião prévia pronta e instalada nele. Ao contrário, põe à prova, de maneira expressa, a opinião prévia instalada nele a fim de comprovar sua legitimidade, o que significa sua origem e sua validade.

Segundo Heidegger, aquele que quer compreender não pode se entregar, já desde o início, à causalidade de suas próprias opiniões prévias e ignorar o mais obstinada e consequentemente possível a opinião do texto. Quem quer compreender um texto, em princípio, deve estar disposto a deixar que ele diga alguma coisa por si. Por isso, uma consciência formada hermeneuticamente tem que se mostrar receptiva, desde o princípio, para a alteridade do texto. Tal receptividade não pressupõe uma "neutralidade" quanto à coisa, tampouco um anulamento de si mesmo, incluindo a apropriação seletiva das próprias opiniões e preconceitos. É necessário que se tenha consciência dos próprios pressupostos para que o texto se apresente a si mesmo em sua alteridade e possa possibilitar o exercício de sua verdade objetiva contra a opinião própria.

Do mesmo modo, no âmbito da compreensão histórica, adverte Britto[88], não é a partir de padrões e pré-conceitos contemporâneos que iremos compreendê-la, mas a partir do horizonte do qual fala a tradição, sob pena de estar sujeito a mal-entendidos com respeito ao significado de seus conteúdos. Neste sentido parece ser uma exigência hermenêutica o fato de termos de nos colocar no lugar do outro, ou seja, nos deslocarmos à sua situação para, tomando consciência de sua alteridade, poder entendê-lo.

Após apresentar as ideias fundamentais de Heidegger sobre a hermenêutica e seu processo, Gadamer empreende em *Verdade e Método II* uma análise crítica sobre esta. Para ele[89],

> Na analítica de Heidegger o círculo hermenêutico ganha uma significação totalmente nova. A estrutura circular da compreensão manteve-se, na teoria que nos precedeu, sempre nos quadros de uma relação formal entre o individual e o todo ou de seu reflexo subjetivo: a antecipação divinatória do todo e sua explicitação consequente no caso singular. Segundo esta teoria o movimento circular oscilava no texto e acabava suspenso com sua completa compreensão. A teoria da compreensão culminava num ato divinatório que se transferia totalmente ao autor e, a partir dali, procura desenvolver tudo que é estranho ou causava estranheza no texto.

Contrário a isso, Heidegger reconhece que a compreensão do texto permanece sempre determinada pelo movimento pré-apreensivo da compreensão prévia. Com

---
(88) *Op. cit.*, p. 10.
(89) *Op. cit.*, p. 77.

isso, ele descreve a tarefa de concretização da consciência histórica[90] que exige a tomada de consciência das próprias opiniões prévias e preconceitos para *realizar a compreensão guiada pela consciência histórica de forma que a apreensão da alteridade histórica e o emprego que ali se faz dos métodos históricos não consista simplesmente em deduzir o que ela se atribui de antemão.*

Para Gadamer, o sentido fundamental do círculo entre o todo e a parte, base para toda compreensão, precisa ser completado por outra determinação denominada por ele de "concepção prévia da perfeição". Isto significa dizer que só é compreensível aquilo que realmente apresenta uma unidade de sentido completa. Somente quando o texto se torna incompreensível, é que a questionamos e duvidamos, por exemplo, da transmissão e procuramos corrigi-la.

A concepção prévia da completude, que guia toda nossa compreensão, mostra-se ela mesma cada vez determinada por um conteúdo. Não está pressuposta apenas uma unidade de sentido imanente, que direciona o leitor, também o entendimento do leitor está sendo constantemente guiado por expectativas de sentido transcendentes, que brotam da relação com a verdade do que se tem em mente. [...] nós compreendemos os textos transmitidos a partir de expectativas de sentido, extraídas de nossa própria relação para com a coisa. [...] É só com o fracasso de tomar por verdadeiro o que é dito que surge a pretensão de "compreender" o texto como a opinião de um outro. O preconceito da completude implica portanto não só que um texto deva expressar plenamente sua opinião, como também que aquilo que diz é a verdade completa. Compreender significa primeiramente entender-se na coisa e, só em segundo lugar, apartar e compreender a opinião do outro como tal[91].

No entendimento de Gadamer, a primeira de todas as condições hermenêuticas permanece sendo a compreensão da coisa, "o ter de haver-se com a mesma coisa". Será a partir daí que se poderá determinar o que se pode realizar como sentido unitário e com isso o emprego da concepção prévia da completude. A hermenêutica deve partir do fato de que quem quer compreender está ligado à coisa. Todavia, a consciência hermenêutica sabe que não pode estar ligado a esta coisa, nos moldes de uma unanimidade inquestionável e óbvia. Diante disso, acontece uma polaridade entre familiaridade e estranheza, sobre a qual se baseia a tarefa da hermenêutica. É, portanto, o *Entre* onde se situa o verdadeiro local da hermenêutica.

É precisamente nessa posição intermediária que se situa o núcleo da hermenêutica, até aqui deixado completamente de lado: a distância temporal e seu significado para a compreensão. Isto porque o tempo não é um abismo que se deve ultrapassar porque separa e distancia. É na verdade o fundamento sustentador

---

(90) *Op. cit.*, p. 77.
(91) GADAMER. *Op. cit.*, p. 78.

do acontecer, onde se enraíza a compreensão atual. O que importa segundo Gadamer é reconhecer a distância temporal como uma possibilidade positiva e produtiva da compreensão. Uma consciência formada hermeneuticamente terá de tomar consciência dos preconceitos que regem a compreensão. Para se destacar um preconceito é necessário suspender a sua validade, porque à medida que continuamos determinados por preconceitos, não temos conhecimento dele e nem o pensamos como um juízo. Gadamer fala também da questão do preconceito que está embutido em cada um de nós. Para ele, o fato de pertencermos a determinado grupo social, a determinado tempo histórico, de possuirmos determinada formação, faz com que a compreensão hermenêutica seja inevitavelmente condicionada pelo contexto de quem analisa.

3.3. O problema hermenêutico da aplicação

Gadamer[92] inicia suas considerações sobre o tema da reconquista do problema hermenêutico da aplicação dizendo que na velha tradição hermenêutica esse problema ocupava um lugar sistemático que envolvia a distinção entre uma *subtilitas intelligendi*, compreensão, de uma *subtilitas explicandi*, a interpretação; que durante o pietismo foi acrescentado como um terceiro componente: a *subtilitas applicandi*, a aplicação. Esses três momentos deveriam, segundo o autor de *Verdade e Método*, "perfazer o modo de realização da compreensão".

No momento em que o romantismo reconheceu a unidade interna de *intelligere* e *explicare*[93], o problema hermenêutico passou a ter um significado sistemático onde a interpretação não é mais um ato posterior e ocasionalmente complementar à compreensão. Antes, compreender é sempre interpretar, e, por conseguinte, a interpretação é a forma explícita da compreensão.

Segundo entende, a fusão entre compreensão e interpretação trouxe como consequência prática a desconexão do terceiro momento da problemática da hermenêutica, qual seja, o da aplicação. Nas suas reflexões, Gadamer[94] irá admitir que:

> [...] na compreensão sempre ocorre algo como uma aplicação do texto a ser compreendido à situação atual do intérprete. Nesse sentido nos vemos obrigados a dar um passo mais além da hermenêutica romântica, considerando como um processo unitário não somente a compreensão e a interpretação, mas também a aplicação. Isto não significa um

---

(92) GADAMER, Hans-Georg. *Verdade e método* — traços fundamentais de uma hermenêutica filosófica. V. 1. Petrópolis, RJ: Vozes, 1997. p. 406.
(93) GADAMER, Hans-Georg. *Verdade e método* — traços fundamentais de uma hermenêutica filosófica. V. 1. Petrópolis, RJ: Vozes, 1997. p. 406.
(94) In: *Verdade e método I*, p. 407.

retorno à distinção tradicional das três *subtilitatae* de que falava o pietismo. Ao contrário, entende-se que a aplicação é um momento tão essencial e integrante do processo hermenêutico como a compreensão e a interpretação.

Dando continuidade às suas análises, Gadamer nos dirá que a tarefa da hermenêutica de adaptar o sentido de um texto à situação concreta a que este fala era, antigamente, lógico e muito natural e seu modelo originário tem como representante o intérprete da vontade divina que sabe interpretar a linguagem dos oráculos. Na atualidade, no entanto, o trabalho do intérprete não é simplesmente reproduzir o que diz o interlocutor que ele interpreta, precisa fazer valer a ideia daquele como vislumbra necessário a partir da situação real da conversação na qual somente ele se encontra como conhecedor das duas "línguas" que estão em câmbio.

Na compreensão de Gadamer, a história da hermenêutica demonstra que junto com a hermenêutica filológica existiram também uma hermenêutica teológica e uma hermenêutica jurídica, e que somente as três juntas perfazem o conceito pleno de hermenêutica. Ao desconsiderar isto, a consciência histórica nos séculos XVIII e XIX levou à desvinculação da hermenêutica filológica e da historiografia de seu vínculo com as outras disciplinas hermenêuticas, o que levou ao seu estabelecimento automático como metodológica da investigação das ciências do espírito.

> A estreita pertença que unia na sua origem a hermenêutica *filológica* com a *jurídica* apoiava-se no reconhecimento da aplicação como momento integrante de toda a compreensão. Tanto para a hermenêutica jurídica quanto para a teológica, é constitutiva a tensão que existe entre o texto proposto — da lei e do anúncio — e o sentido que alcança sua aplicação ao instante concreto da interpretação, no juízo ou na pregação. [...] Em ambos os casos isso implica que, se quisermos compreender adequadamente o texto — lei ou mensagem de salvação —, isto é, compreendê-lo de acordo com as pretensões que o mesmo apresenta, devemos compreendê-lo a cada instante, ou seja, compreendê-lo em cada situação concreta de uma maneira nova e distinta. Aqui, compreender é sempre também aplicar.[95]

Na medida em que o conhecimento do sentido de um texto jurídico e sua aplicação a um caso jurídico concreto não são atos separados, mas um processo unitário, a cisão entre a "função cognitiva" e a "função normativa" que atravessa a hermenêutica teológica é a mesma que atravessa a interpretação jurídica. A distinção entre função normativa e função cognitiva acaba separando definitiva-

---

(95) *Verdade e método I*, p. 408.

mente o que é uno. Em princípio, o sentido da lei em sua aplicação normativa não é diferente do sentido de um tema que tem sua validade na compreensão de um texto. O milagre da compreensão, segundo Gadamer, consiste justamente no fato de que para reconhecer o que é verdadeiramente significativo, assim como o sentido originário de uma tradição, não precisamos da congenealidade porque somos capazes de nos abrir para a pretensão de um texto e compreender plenamente o significado com o qual nos fala.

Para Gadamer[96]:

> [...] a interpretação da vontade jurídica e da promessa divina não são formas de domínio, mas de serviço. As interpretações que incluem aplicação estão a serviço daquilo que deve valer. Por conta disso o novo postulado vai em direção de que a hermenêutica histórica também deve realizar o trabalho da aplicação, porque também ela serve à validade de sentido na medida em que supera e expressa, conscientemente, a distância temporal de sentido que o texto experimentou.

Deste modo, afirma Gadamer[97] que o:

> [...] sentido da aplicação já está de antemão em toda forma de compreensão. A aplicação não é o emprego posterior de algo universal, compreendido primeiro em si mesmo, e depois aplicado a um caso concreto. É antes, a verdadeira compreensão do próprio universal que todo texto representa para nós. A compreensão é uma forma de efeito, e sabe a si mesma, como tal efeito.

3.4. A hermenêutica como tarefa teórica e prática

Ao tratar da questão em *Verdade e Método II*, Gadamer nos diz que mesmo o uso moderno da palavra ainda reflete a dualidade e ambivalência na perspectiva teórica e prática, sob as quais se encontra o tema da hermenêutica.

Ao tentar responder à pergunta sobre se, em todo afã de saber, inclusive o que anima a ciência natural moderna, não está presente uma dimensão hermenêutica, Gadamer nos diz que esta tarefa cabe à filosofia prática, fundada por Aristóteles. Para explicitar tal afirmativa, parte de uma análise sobre a retórica em Aristóteles para afirmar, posteriormente, que a partir do humanismo e da Reforma o uso da retórica Aristotélica passou de *arte de fazer discurso para a arte de acompanhar um discurso, compreendendo-o, quer dizer, passou para a arte da hermenêutica*[98]; que a partir de Schleiermacher, a arte da compreensão hermenêutica não é

---

(96) *Op. cit.*, p. 411.
(97) *Op. cit.*, p. 447.
(98) *Op. cit.*, p. 358.

necessária apenas para o trato com textos, mas também para o trato com pessoas. Por isso mesmo, ela é mais que um método das ciências, designa uma capacidade natural do ser humano.

De suas análises afirma que a retórica e a hermenêutica possuem uma relação muito estreita porque a capacidade de linguagem e a capacidade de compreensão possuem, objetivamente, a mesma amplitude e universalidade: o que alguém diz deve, de princípio, poder ser compreendido. "O domínio técnico dessa capacidade de falar e compreender se manifesta plenamente no uso da escrita, na redação de 'discursos' e na compreensão do escrito." Neste momento, o papel da hermenêutica é trazer novamente à fala o dito ou o escrito.

> Só sabe realmente aquele que consegue ir até o fim do discurso e da resposta. [...] Só pode falar com autoridade aquele que conheceu como bom e justo aquilo que ele deve comunicar de modo conveniente, podendo portanto responsabilizar-se por isso.[99]

A dificuldade de ler um texto em língua estrangeira ou um escrito complexo, em sua própria língua, compreendendo seu sentido de imediato, todos sabemos. A tarefa hermenêutica, desde há muito, não atinge tanto a técnica externa de decifrar os signos gráficos como a reta compreensão do sentido fixado por escrito. Segundo Gadamer[100], *quando o escrito exerce a função de fixar e avaliar algo de modo unívoco e controlável, a composição e a compreensão desse texto constituem uma tarefa que requer uma competência, não importando se forem registros de contribuintes, de contratos ou de textos jurídicos ou religiosos.*

Enquanto tal, a hermenêutica explicita o que acontecia nessa práxis. A reflexão sobre a práxis da compreensão não se pode dissociar da tradição retórica, diz Gadamer. É bem diferente a tarefa de interpretar uma lei, a Bíblia ou uma obra poética. O sentido desses textos não é determinado por uma compreensão neutra, mas a partir de sua pretensão de validade. O campo em que o problema da interpretação do texto escrito se encontrou com a retórica, gerando uma nova e maior consciência teórica: a interpretação de textos jurídicos e a exegese da Sagrada Escritura.

A tarefa de busca do direito e do juízo correto implica, independentemente de toda codificação, a tensão entre a universalidade da legislação vigente — codificada ou não — e a particularidade do caso concreto. Sendo evidente que o caso concreto de uma questão jurídica não é um enunciado teórico, mas um resolver coisas com palavras. A aplicação da lei pressupõe sempre uma interpretação correta. Deste modo, toda aplicação de uma lei ultrapassa a mera compreensão de seu sentido jurídico e cria uma nova realidade. A aplicação da lei num caso particular

---

(99) *Verdade e método II*, p. 355.
(100) *Op. cit.*, p. 359.

implica um ato interpretativo onde a aplicação de dispositivos legais que aparece como correta concretiza e aprimora o sentido de uma lei.

> O que caracteriza as práxis jurídicas maximamente 'criativas', do ponto de vista objetivo, é o fato de se apresentarem subjetivamente como meros fragmentos orais de normas já vigentes; de se apresentarem como seus intérpretes e aplicadores e não como seus criadores. Tal afirmação corresponde à antiga sabedoria aristotélica segundo a qual a busca do direito precisa de constante ponderação complementar da equidade. Essa sabedoria reza que a perspectiva da equidade não se opõe ao direito, mas contribui para a plenitude do sentido legal, mediante a atenuação da literalidade do direito.[101]

Para Gadamer[102], será Schleiermacher quem irá distinguir uma hermenêutica em sentido amplo e uma prática mais estrita da hermenêutica. Em sentido amplo, a práxis parte do pressuposto de que "ante a firmação do outro, a reta compreensão e o mútuo entendimento constituem a regra, e o mal-entendido a exceção". Ao contrário, a práxis estrita parte do pressuposto de que "o mal-entendido é a regra e que só com um esforço técnico se pode evitar o mal-entendido e alcançar uma compreensão correta". A compreensão da opinião do outro ou de um texto se realiza dentro de uma relação de consenso, apesar de todos os mal-entendidos, e busca o entendimento acima de qualquer dissenso.

A hermenêutica não é, no entendimento de Gadamer, um simples método e nem uma série de métodos, como foi entendida no século XIX desde Scheleiermacher e Boeckh até Dilthey e Emilio Betti. Porque não se limita a prestar conta dos procedimentos que a ciência aplica, mas trata igualmente das questões prévias à aplicação de qualquer ciência, a hermenêutica é antes filosofia. Ocupa-se das questões que determinam todo o saber e o fazer humanos, questões "máximas" que são decisivas para o ser humano enquanto tal e para sua escolha do "bem".

3.5. A hermenêutica jurídica em Gadamer

No entendimento de Gadamer, diferentemente da hermenêutica teológica que ao se desfazer de sua vinculação dogmática foi absorvida na unidade do método próprio da história da filologia, a hermenêutica jurídica, como recurso auxiliar da práxis jurídica destinado a sanar certas deficiências e casos excepcionais no sistema da dogmática jurídica, ou seja, ao manter o seu objetivo dogmático, separou-se de uma teoria geral da compreensão.

Indaga Britto[103]: qual seria a divergência entre hermenêutica jurídica e hermenêutica histórica (ciências do espírito), no estudo dos casos em que uma e

---

(101) *Op. cit.*, p. 360.
(102) *Op. cit.*, p. 368.
(103) *Op. cit.*, p. 10.

outra se ocupam do mesmo objeto, ou seja, os casos em que textos jurídicos devem ser interpretados juridicamente ou compreendidos historicamente? Ao responder à sua própria pergunta, Gadamer nos diz que neste caso é preciso investigar o comportamento que assumem o *historiador jurídico* e o *jurista* em relação a um mesmo texto jurídico, dado e vigente.

Na busca de explicitar a questão, tomará como base de suas análises e interpretações os trabalhos de E. Betti para, ao fim, acrescentar sua compreensão sobre o caso. Começa por perguntar se a diferença entre o interesse dogmático e o interesse histórico é uma diferença unívoca. Segundo afirma a diferença é evidente porque[104]:

> Enquanto o jurista toma o sentido da lei a partir de e em virtude de um determinado caso dado. O historiador jurídico, ao contrário, não parte de nenhum caso concreto, mas procura determinar o sentido da lei, visualizando construtivamente a totalidade do âmbito de aplicação da lei. É só no conjunto dessas aplicações que o sentido de uma lei se torna concreto. Para determinar o sentido originário de uma lei, o historiador não pode contentar-se, portanto, em expor a aplicação originária da lei. Enquanto historiador, ele deve contemplar também as mudanças históricas pelas quais a lei passou. Sua tarefa será de intermediar compreensivamente a aplicação originária da lei com a aplicação atual.

Quem quiser encontrar e adaptar adequadamente o sentido de uma lei precisa conhecer também o seu conteúdo de sentido originário. Tem que pensar e refletir, também, em termos histórico-jurídicos a fim de que a compreensão histórica possa ser um meio para alcançar um fim. Numa direção oposta, o jurista procura, além disso, reconduzir essa compreensão para a sua adaptação ao presente jurídico.

Indaga Gadamer. Na sua compreensão, *ante a lei vigente, vivemos já de antemão com a ideia natural de que seu sentido jurídico é unívoco e que a práxis jurídica do presente se limita a seguir simplesmente o seu sentido original*. No entanto, se fosse sempre assim, não existiria qualquer razão para a distinção entre sentido jurídico e sentido histórico de uma lei. Do mesmo modo, nenhuma outra tarefa hermenêutica caberia ao jurista senão a de constatar o sentido original da lei e aplicá-lo como correto.

É verdade segundo Gadamer[105]:

> [...] que o jurista sempre tem em mente a lei em si mesma. Mas seu conteúdo normativo deve ser determinado em relação ao caso em que deve ser aplicado. E para determinar com exatidão esse conteúdo não se pode prescindir de um conhecimento histórico do sentido originário,

---

(104) *Verdade e método I*, p. 428.
(105) *Op. cit.*, p. 429.

e é só por isso que o intérprete jurídico leva em conta o valor posicional histórico atribuído a uma lei em virtude do ato legislador. No entanto, ele não deve prender-se ao que informam os protocolos parlamentares [...]. Ao contrário, deve admitir que as circunstâncias foram mudando, precisando determinar de novo a função normativa da lei.

Outra é, segundo Gadamer, a função do historiador do direito. Aparentemente, a única coisa que ele tem em mente é o sentido originário da lei, qual seu valor de intenção no momento em que foi promulgada. Mas como reconhecer isso? Seria possível compreender o sentido originário sem consciência da mudança das circunstâncias que separam aquele momento do momento atual? *Não estaria obrigado a fazer o mesmo que o juiz, ou seja, distinguir o sentido originário do conteúdo de um texto legal desse outro conteúdo jurídico em cuja pré-compreensão vive como homem atual?*[106]

> Nisso me parece que a situação hermenêutica é a mesma, tanto para o historiador como para o jurista, ou seja, ante todo e qualquer texto todos nos encontramos numa determinada expectativa de sentido imediato. Não há acesso imediato ao objeto histórico capaz de nos proporcionar objetivamente seu valor posicional. O Historiador tem que realizar a mesma reflexão que deve orientar o jurista.

> Neste sentido, o conteúdo efetivo do que se compreende de um e de outro modo vem a ser o mesmo. [...] Só existe conhecimento histórico quando em cada caso o passado é entendido na sua continuidade com o presente, e isto é o que realiza o jurista na sua tarefa prático normativa, quando procura assegurar a sobrevivência do direito com um *continuum* e salvaguardar a tradição de pensamento jurídico.[107]

Para Gadamer, a hermenêutica jurídica está em condições de recordar em si mesma o autêntico procedimento das ciências do espírito. Nela, quando o juiz adapta a lei transmitida às necessidades do presente, pretende resolver uma questão prática e isto não quer dizer que sua interpretação da lei seja uma tradução arbitrária. Também aí, compreender significa conhecer e reconhecer um sentido vigente. Ao procurar corresponder à "ideia jurídica" da lei e intermediá-la com o presente, o que o juiz tenta reconhecer é o significado jurídico da lei e não o significado histórico de sua promulgação ou outros casos de sua aplicação.

> O caso da hermenêutica jurídica não é, portanto, um caso excepcional, mas está em condições de devolver à hermenêutica histórica todo o alcance de seus problemas, restabelecendo assim a velha unidade do problema hermenêutico, na qual o jurista e o teólogo se encontram com o filólogo.[108]

---

(106) *Verdade e método I*, p. 429.
(107) *Op. cit.*, p. 431.
(108) *Op. cit.*, p. 431.

A tarefa da interpretação consiste em concretizar a lei em cada caso, ou seja, é a tarefa da *aplicação*. E esta tarefa está afeita ao juiz que, como qualquer outro membro da comunidade jurídica, também está sujeito à lei. A sentença do juiz não pode conter arbitrariedades, mas uma "ponderação justa do conjunto". Aquele que se aprofunde na compreensão da situação estará em condições de realizar esta "ponderação justa"[109]. Mas a tarefa da concreção não se resume a mero reconhecimento dos artigos dos códigos. Se quisermos julgar com justiça um caso determinado é necessário conhecer também a judicatura e todos os momentos que a determinam.

Para a possibilidade de uma hermenêutica jurídica é essencial que a lei vincule por igual todos os membros da comunidade jurídica. Quando isto não ocorre, como é o caso do absolutismo, onde a vontade do mandatário está acima da lei, não há possibilidade de hermenêutica. A única pertença à lei que se exige aqui é que a ordem jurídica seja reconhecida, sem exceção, como válida para todos.

Exemplificando tal situação, Gadamer nos fala da compreensão de um comando ou ordem, por alguém que deve cumpri-lo. Neste caso, compreender a ordem significa aplicá-la à situação concreta a que se refere a fim de alcançar, na execução, o seu adequado e verdadeiro sentido. Isto porque aplicação é sempre aplicação do sentido compreendido.

> Aquele que se nega a obedecer a uma ordem a entendeu, e nega-se a fazê-lo porque é ele que a aplica à situação concreta e sabe o que sua obediência implicaria nesse caso. Evidentemente, a compreensão se mede segundo um padrão que não se encontra na literalidade da ordem nem na real intenção de quem a dá, mas unicamente na compreensão da situação e na responsabilidade daquele que obedece. [...] Ele tem a possibilidade de não a seguir, ainda que haja compreendido, ou precisamente por isso[110].

Segundo concebe Gadamer, a verdadeira concretização da ordem legal se dá na sentença do juiz. Este, fazendo uso da interpretação e compreensão, poderá complementar o direito que convém à sua sentença no caso concreto, onde procurará corresponder à "ideia jurídica" da lei, intermediando-a com o fato presente. É tarefa da hermenêutica esclarecer o "milagre" da compreensão, ou seja, suprir a falta de acordo ou restabelecer o acordo com a coisa ou fato quando estes forem perturbados. Deste modo, a hermenêutica jurídica como teoria da interpretação deve possibilitar ao jurista e, consequentemente, ao juiz através da "prudência jurídica" (jurisprudência) a estabelecer novas orientações para seus julgamentos.

---

(109) *Op. cit.*, p. 433.
(110) *Op. cit.*, p. 438.

Por tudo isso, nos diz Gadamer[111]:

> O modelo da hermenêutica jurídica mostrou-se, pois, efetivamente fecundo. Quando se sabe autorizado a realizar a complementação do direito, dentro da função judicial e frente ao sentido original de um texto legal, o que faz o jurista é exatamente aquilo que ocorre em qualquer tipo de compreensão. [...] será sempre possível conceber como tal a ordem jurídica vigente, o que significa reelaborar dogmaticamente qualquer complementação jurídica feita à lei. Entre a hermenêutica jurídica e a dogmática jurídica existe pois uma relação essencial, na qual a hermenêutica detém a primazia. A ideia de uma dogmática jurídica perfeita, sob a qual se pudesse baixar qualquer sentença como um simples ato de subsunção, não tem sustentação.

3.6. A questão hermenêutica em Lenio Streck

Ao tratar da questão da hermenêutica em sua obra *Hermenêutica Jurídica e(m) crise — uma exploração hermenêutica da construção do Direito*, Lenio Streck nos chama a atenção de que é necessário advertir o leitor para a diferença que existe entre hermenêutica clássica, vista como pura técnica de interpretação, e a hermenêutica filosófica gadameriana que trabalha na perspectiva de "dar sentido".[112] No seu entendimento, a hermenêutica concebida por Gadamer surge do questionamento da totalidade do existente humano e a sua inserção no mundo que só se dá para o Homem na medida em que este tenha sempre certo patrimônio de ideias, ou seja, que já seja detentor de certos prejuízos que o guia na descoberta das coisas.[113]

Segundo o autor, a compreensão[114] que faz parte do modo de ser-no-mundo antecipa qualquer tipo de explicação lógico-semântica e tem uma estrutura do modo de ser que é interpretação, cujo horizonte do sentido lhe é dado pela compreensão que o intérprete tem de algo. O ser humano que é compreender, só se faz, só se dá pela compreensão. Compreender é assim uma categoria existencial pela qual o homem se constitui. Portanto, fazer-se compreender é uma tarefa imprescindível ao juiz quando decide sobre um caso que lhe é levado ao conhecimento. É imperioso que as partes compreendam não somente o resultado de sua decisão, mas, em primeiro lugar, os passos dados pelo magistrado na construção da sentença. E afirma: *só interpreto se compreendo; só compreendo*

---

(111) *Op. cit.*, p. 433.
(112) STRECK, Lenio Luiz. *Hermenêutica Jurídica e(m) crise* — uma exploração hermenêutica da construção do direito. 7. ed., revista e atualizada. Porto Alegre: Livraria do Advogado, 2007. p. 192.
(113) *Op. cit.*, p. 196.
(114) STRECK, Lenio Luiz. *Op. cit.*, p. 199.

se tenho a pré-compreensão que é constituída de uma estrutura prévia, visão prévia e concepção prévia, que já une todas as partes (textos) do "sistema"[115].

Para Streck[116], de certo modo tais questões estão presentes na teoria do discurso proposta por Habermas. Embora não fale em "regras prévias", propõe a antecipação de um discurso ideal, contrafático. Essa formação discursiva (também) é prévia; sua função é a de servir como princípio regulativo. Como nos ensina Habermas, todo discurso racional é um necessário princípio regulativo de todo discurso real. A compreensão "racional" não é pensada aí em contraposição com a tradição, cuja linguagem é insuficiente e inadequada para abarcar o "real", ela é pensada como a realização de um ideal por consumar. Isto se dá na pré-compreensão que passa a ser a condição de possibilidade nesse novo modo de olhar a hermenêutica jurídica.

Os pré-juízos que conformam a nossa pré-compreensão não são jamais arbitrários. Pré-juízos não são inventados; eles nos orientam no emaranhado da tradição, que pode ser autêntica ou inautêntica, mas que não depende da discricionariedade do intérprete e tampouco de um "controle metodológico". A interpretação jamais se dará em abstrato porque há sempre um processo de concreção que é a *applicatio,* momento do acontecer do sentido. Não há textos sem normas; não há normas sem fatos. Não há interpretação sem relação social. É no caso concreto que está o sentido, que é único, irrepetível. É evidente, diz Streck[117], que não é apenas a *applicatio* que irá garantir as arbitrariedades interpretativas, mas também a explicitação do compreendido terá esse papel de trazer a lume o "lado epistemológico" da hermenêutica. Afinal, conforme Gadamer, interpretar é explicitar o compreendido. Deste modo, o processo unitário da compreensão, pelo qual interpretar é aplicar *(applicatio)* — que desmitifica a tese de que primeiro conheço, depois interpreto e só então eu aplico —, transforma-se em uma espécie de blindagem contra as opiniões arbitrárias.

A esse respeito, Streck[118] afirma que toda compreensão hermenêutica pressupõe uma inserção no processo de transmissão da tradição. Para ele, há um movimento antecipatório da compreensão, cuja condição ontológica é o círculo hermenêutico exposto por Gadamer, onde nos ensina que é da totalidade do mundo da compreensão que resulta uma pré-compreensão que abre um primeiro acesso de intelecção; a pré-compreensão constitui um momento essencial do fenômeno hermenêutico e é impossível ao intérprete desprender-se da circularidade da compreensão.

---

(115) STRECK, Lenio Luiz. *Op. cit.*, p. 216.
(116) STRECK, Lenio Luiz. *Verdade e consenso* — constituição, hermenêutica e teorias discursivas da possibilidade à necessidade de respostas corretas em Direito. 2. ed., revista e ampliada, 2ª tiragem. Rio de Janeiro: Lumen Juris, 2008. p. 239-241.
(117) *Idem*, p. 240-241.
(118) STRECK, Lenio Luiz. *Op. cit.*, p. 213-214.

Tratando do rompimento da hermenêutica com o paradigma metafísico aristotélico-tomista, Streck defende com Gadamer a ideia de que, neste momento, o processo interpretativo deixa de ser reprodutivo e passa a ser produtivo; que o caráter da interpretação é sempre produtivo e que esse aporte produtivo faz parte inexoravelmente do sentido da compreensão.

No entendimento de Lenio Streck, no plano da Nova Crítica do Direito, o intérprete não interpreta por partes, como se estivesse repetindo as fases da hermenêutica clássica, ou seja, primeiro compreende, depois interpreta, para finalmente aplicar. Ao contrário, em sua visão sustentada em Gadamer, esses três momentos ocorrem ao mesmo tempo e transformam em um só momento: na *applicatio*, que se dá no movimento da circularidade da autocompreensão no interior da espiral hermenêutica. Assim, segundo Streck, ao interpretar um texto, o intérprete estará no entremeio do círculo hermenêutico, fazendo um movimento antecipatório da compreensão.

Em sendo assim, o juiz, a partir da Nova Crítica do Direito, não decide para depois buscar a fundamentação; ao contrário, ele decide porque já encontrou o fundamento para sua decisão, sendo esse fundamento a condição de possibilidade para a decisão tomada, buscando, em um segundo momento, o aprimoramento de seu fundamento. Com essa afirmação, Streck conclui que não é possível desdobrar o ato de aplicação em dois momentos: decisão e fundamentação. Defende a ideia de que um faz parte do outro e, assim, as condições de possibilidades para que o intérprete possa compreender um texto implicam a existência de uma pré-compreensão (seus pré-juízos) acerca da totalidade do sistema jurídico-político-social.

Em *Verdade e Consenso*[119], ao tratar da questão da filosofia hermenêutica e da hermenêutica filosófica, irá defender, respectivamente, as ideias de Heidegger

---

(119) STRECK, Lenio Luiz. *Verdade e consenso*, p. 51-54.
Neste ponto do texto, Lenio Streck diz não é desarrazoado afirmar que, em Habermas, falta uma dimensão fundamental, realmente responsável pelo novo paradigma. Esse paradigma é o da compreensão, da diferença, não da diferença ôntica, mas ontológica, pela qual reconhecemos que todo discurso entitativo, procedimental, fundamenta-se, necessariamente, em outro discurso, da pré-compreensão, que podemos chamar de ontológico, não clássico. Ali já há sempre uma compreensão do mundo prático a partir do qual compreendemos os entes. Nesse sentido, a acusação de que Heidegger e Gadamer — e, portanto, a filosofia hermenêutica e a hermenêutica filosófica — seriam irracionais, não pode ser aceita.
De fato, a filosofia hermenêutica heideggeriana e a hermenêutica filosófica gadameriana, segundo Streck, têm sido acusadas de proporcionar um irracionalismo, circunstância que afastaria (*sic*) a hermenêutica de qualquer proposta de discurso ético, alijando-a, consequentemente, de qualquer racionalismo na argumentação.
E Lenio não concorda com tal crítica, assim se manifestando: Evidentemente não é possível concordar com essa crítica. Pensar assim é desconhecer o nível em que a (filosofia) hermenêutica (filosófica) se move, que é, precisamente, uma dimensão transcendental (não clássica). Não se trata, portanto, nesse nível, de um irracionalismo, mas, antes, da condição primeira que deve ser pensada para que se

e Gadamer. Ali nos parece importante atentar para a observação do autor[120] acerca da diferença existente entre a hermenêutica clássica, concebida como técnica de interpretação, e a hermenêutica filosófica, de matriz gadameriana, que trabalha com um "dar sentido". Segundo entende, a partir dessa diferenciação, a compreensão do papel da linguagem assume contornos mais definidos.

Conforme seu entendimento, chega-se aos objetos pela linguagem, não da linguagem entendida no sentido tratado nas ciências, das linguagens dentro do mundo, mas da linguagem enquanto ela é o mundo sobre o qual se fala. O que está em questão é o tratamento filosófico dado à linguagem quando o intérprete se depara com questões da hermenêutica, ou da hermenêutica filosófica.

---

torne possível qualquer discurso ético. Desse modo, a filosofia hermenêutica, longe de negar qualquer aspecto da legitimidade da argumentação (ou de qualquer teoria discursiva), quer abrir o espaço em que todo o argumentar é possível.
A grande inovação proporcionada por Heidegger é que ele, ao mesmo tempo em que se dizia um filósofo transcendental, não o era mais no sentido de Husserl; ao mesmo tempo em que ele trataria da ontologia, não mais o faria conforme a tradição; ao mesmo tempo em que se ocupava da antropologia, já não o faria do mesmo modo como se fazia até então. Assim, Heidegger introduziu dois conceitos fundamentais: o de hermenêutica e o de interpretação. A hermenêutica não deveria mais ser uma teoria das ciências humanas e nem uma expressão da teoria da subjetividade. Deveria, sim, tomar uma nova forma, o que o levou a introduzir o elemento que se pode chamar de antropológico, com a função de descobrir no próprio ser humano a ideia de compreensão, isto é, para construir a sua visão filosófica, Heidegger avança, primeiro, em direção à preocupação com o ser. Só que isso não poderia levar a repetir o erro e a confusão que as teorias metafísicas faziam entre ser e ente.
A preocupação heideggeriana será com o sentido do ser, construindo, assim, a hermenêutica como elemento de ligação com o próprio preocupar-se do homem consigo mesmo. Na medida em que se compreende, o homem compreende o ser e, assim, compreende-se a si mesmo. Mas esse compreender-a-si-mesmo implicava um explicitar-se, portanto, um interpretar-se a si mesmo e, consequentemente, uma espécie de hermenêutica de si mesmo (autocompreensão), notava-se, pois, de superar o velho problema da fundamentação. E foi isso justamente que se tornou tão importante para Heidegger, porque, debaixo da práxis, tinha que ser colocada uma outra camada fundamental, a ontologia fundamental *(Fundamentalontologie)*, que é aquela que possibilita qualquer tipo de conhecimento, qualquer tipo de fundamentação, mas que, ela mesma, enquanto "fundamental", o era em um sentido muito próprio, simplesmente porque ela instaurava um elemento que precederia todo o pensamento, toda a teoria anterior, portanto, a dicotomia teoria-práxis.
E conclui: Definitivamente, Heidegger não é um "existencialista" e qualquer acusação/classificação nesse sentido é absolutamente infundada. Pensar que Heidegger é existencialista é, além de um ato de ingenuidade intelectual, uma simplificação da teoria que mais influenciou a filosofia no século XX. Heidegger desenvolveu uma filosofia hermenêutica, uma analítica existencial, na qual busca as bases de um processo compreensivo, que nós já sempre antecipamos em todos os nossos discursos.
(120) STRECK, Lenio Luiz. *Hermenêutica jurídica e(m) crise*. 7. ed. Porto Alegre: Livraria do Advogado, 2007. p.192.

4. O JUIZ JUSTO. A NECESSIDADE DA JUSTIÇA. O PROCESSO JUSTO. O JUIZ COMO AGENTE DE PRESERVAÇÃO INTRANSIGENTE DAS GARANTIAS CONSTITUCIONAIS NO PROCESSO

4.1. O homem e sua condição moral, ética e de dignidade humana

Para encontrar-se as características do Juiz Justo, antes é necessário compreender-se e considerar-se o homem diante de suas condições moral, ética e de dignidade.

Paul Ricoeur[121] considera o conceito de moral como o termo fixo de referência, atribuindo-lhe duas funções, quais sejam, a de designar, por um lado a região das normas, isto é, princípios do permitido e do proibido e, por outro lado, o sentimento de obrigação como face subjetiva da relação de um sujeito com normas. Já o conceito de ética, de outro modo, parte-se em dois, que são: (a) um ramo designa algo como o que está a montante das normas — ética anterior — e (b) outro ramo designa algo que está como que a jusante das normas — ética posterior. A primeira — ética anterior — aponta para o enraizamento das normas na vida e no desejo; já a ética posterior tem em vista inserir as normas em situações concretas. A essa tese principal, Ricoeur adiciona uma tese complementar, através da qual entende que a única maneira de tomar posse do anterior das normas visado pela ética anterior é revelar seus conteúdos no plano da sabedoria prática, que outro não é senão o da ética posterior. Assim, estaria justificado o emprego de um único termo — ética — para designar o que está a montante — ao contrário do curso normal — e o que está a jusante — seguindo o sentido — das normas.

No que se refere à moral, o autor faz referência à moral kantiana, dizendo que essa pode ser considerada, em suas linhas mestras, como uma resenha exata da experiência moral comum, segundo a qual só podem ser consideradas obrigatórias as máximas da ação que passem na prova da universalização.

Neste sentido, Kant[122] assevera ser absolutamente impossível determinar por experiência e com absoluta certeza um único caso em que a *máxima de uma*

---
(121) RICOEUR, Paul. *Op. cit.*, p. 49-51.
(122) KANT, Immanuel; *Fundamentação da metafísica dos costumes e outros escritos*. Tradução: Leopoldo Holzbach. São Paulo: Martin Claret, 2005. p. 37-38.

ação, de resto em tudo conformada ao dever, se tenha baseado puramente em fundamentos morais e na representação do dever. Continua Kant a afirmar que estamos habituados a nos *lisonjear com um determinante mais nobre*, o qual falsamente costuma o homem atribuir a si mesmo, mas, na realidade, ainda que pondo em prática o exame mais rigoroso, não pode nunca penetrar completamente os motores mais recônditos de seus atos, porque, quando se fala de valor moral, não importam as ações visíveis, mas os seus princípios íntimos, ou seja, aqueles que não se podem ver, com as máximas que orientam as suas ações[123].

Kant[124] consegue enxergar claramente que todos os conceitos morais se originam e tem sua sede principalmente na razão, tanto na razão humana, que ele denomina de *mais vulgar*, quanto na *mais especulativa*. Diz, ainda, que tais conceitos não podem ser abstraídos de nenhum conhecimento empírico, o qual, portanto, seria *puramente contingente*; que precisamente na pureza da sua origem é que reside sua dignidade para servir de princípios práticos supremos; que sempre que lhes acrescentam algo de empírico subtrai-se em igual medida a sua influência e o valor ilimitado das ações; que não só a maior necessidade exige o sentido teórico quando se trata apenas de especulação, mas que é também da maior importância prática extrair da razão pura esses seus conceitos e leis, expô-los com *pureza e sem mescla*, e mesmo determinar o âmbito de todo esse conhecimento racional prático, mas puro, isto é, toda a faculdade da razão pura prática.

---

(123) Paul Ricoeur em sua obra *O justo 2*, p. 51-52, ao tratar da questão da máxima das ações, assim se manifesta: "Age unicamente de acordo com a máxima que, ao mesmo tempo, te faça querer que ela se torne lei universal. Nessa fórmula não se diz como se formam as máximas, ou seja, as posições de ação que dão conteúdo à forma do dever." E propõe Ricoeur: "Propõe-se então uma vertente do normativo, a saber, a posição de um sujeito de obrigação, de um sujeito obrigado. Cabe então distinguir do predicado obrigatório, que se diz das ações e das máximas de ação, o imperativo que se diz da relação entre um sujeito obrigado com a obrigação. O imperativo, na qualidade de ralação entre mandar e obedecer, diz respeito ao defrontante subjetivo da norma, que pode ser chamado de liberdade prática, seja qual for a relação dessa liberdade prática com a ideia de causalidade livre defrontada com o determinismo no plano especulativo. A experiência moral não pede nada mais que um sujeito capaz de imputação, entendendo-se por imputabilidade a capacidade de um sujeito para designar-se como autor verdadeiro de seus próprios atos. Numa linguagem menos dependente a letra da filosofia da moral kantiana, direi que uma norma — seja qual for seu titular — implica como defrontante um ser capaz de entrar numa ordem simbólica prática, ou seja, de reconhecer nas normas uma pretensão legítima a regular as condutas. Por sua vez, a ideia de imputabilidade como capacidade deixa-se inscrever na longa enumeração das capacidades com as quais gosto de caracterizar, no plano antropológico, aquilo que chamo de homem capaz: capacidade de falar, capacidade de fazer, capacidade de narrar-se; a imputabilidade soma a essa sequência a capacidade de colocar-se como agente." E conclui Ricoeur: "Se agora reunimos as duas metades da análise, a saber, a norma objetiva e a imputabilidade subjetiva, obteremos o conceito misto de autonomia. Direi que a moral requer, no mínimo, apenas a posição mútua da norma como *ratio cognoscendi* do sujeito moral e a imputabilidade como *ratio essendi* da norma. Pronunciar o termo autonomia é propor a determinação mútua entre norma e sujeito obrigado. A moral não pressupõe nada mais do que um sujeito capaz de pôr-se, pondo a norma que o põe como sujeito. Nesse sentido, pode-se considerar a ordem moral como autorreferencial."
(124) KANT, Immanuel. *Op. cit.*, p. 42.

Mas Kant[125] dá um passo além, saindo do conceito do juízo moral comum para o juízo filosófico. Diz o filósofo que cada coisa da natureza atua segundo certas leis e que somente um ser racional é detentor da capacidade de agir segundo a representação das leis, ou seja, por princípios, ou, ainda, somente ele possui uma vontade. Assim, como para derivar as ações das leis se exige a razão, *a vontade nada mais é senão a razão prática*. E continua:

> Se a razão determina infalivelmente a vontade, então as ações de tal ser, que são conhecidas como objetivamente necessárias, são também subjetivamente necessárias, ou seja, a vontade é a faculdade de não escolher nada mais que a razão, independentemente da inclinação: conhece-a como praticamente necessária, quer dizer, como algo bom.

Para isso, mister que se encontre um homem, cuja moral o torne *capaz de falar* em nome de uma sociedade, *capaz de fazer* em benefício desta e de narrar-se como um homem capaz de *escolher nada mais que a razão*, isto é, escolher *algo bom*.

Mas ainda não é o termo final. Kant indaga se, por exemplo, a razão não é suficiente para determinar a vontade, se esta encontra-se sujeita a condições subjetivas, ou seja, a determinados princípios, que nem sempre coincidem com as condições objetivas, o que acontece com a razão? E responde:

> [...] se a vontade não é em si plenamente conforme à razão (como realmente sucede entre os homens), então as ações, que objetivamente são reconhecidas como necessárias, são subjetivamente contingentes, e a determinação de tal vontade, em conformidade com as leis objetivas, chama-se obrigação.

E a obrigação a que se refere Kant nasce da necessidade de o homem de moral agir e estar atento às necessidades de outros homens.

Afirma Kant[126] *que todo homem existe como fim em si mesmo, e não apenas como meio para o uso arbitrário desta ou daquela vontade*. Em todas as suas ações, ao contrário, tanto naquelas que a ele mesmo forem direcionadas, bem como nas que o são a outros homens, deve ser ele sempre considerado simultaneamente como fim. E surge o imperativo prático: *age de tal maneira que possas usar a humanidade, tanto em tua pessoa como na pessoa de qualquer outro, sempre e simultaneamente como fim e nunca simplesmente como meio*.

Assim, conclui Kant ser a moral a única condição que pode fazer de um ser racional, ou seja, do homem, um fim em si mesmo, pois só por ela lhe é possível

---

(125) *Idem*, p. 43.
(126) *Idem*, p. 58-65.

ser membro legislador no reino dos fins[127]. Por isso, a moralidade e a humanidade são as únicas coisas providas de dignidade.

Humanidade, moralidade e dignidade poderiam formar um só princípio, capaz de reformar toda uma estrutura social impregnada por arbitrariedades e por desmandos, pelas mãos de homens repletos de moral.

Sobre dignidade, assim nos fala Kant[128]:

> A destreza e a diligência no trabalho têm um preço venal; a argúcia de espírito, a imaginação viva e as fantasias têm um preço de sentimento; pelo contrário, a lealdade nas promessas e a benevolência fundamentada em princípios (e não no instinto) têm um valor íntimo. A natureza, tal como a arte nada contêm que à sua falta se possa pôr em seu lugar, pois que o seu valor não reside nos efeitos delas derivados, na vantagem e utilidade que criam, mas sim nas intenções, isto é, nas máximas de vontade, sempre prestes a se manifestar dessa maneira por ações, ainda que o êxito não as favoreça. Tais ações não carecem de nenhuma recomendação de disposição ou gosto subjetivo para as olharmos com imediato favor e satisfação; não carecem de nenhuma tendência ou sentimento imediato; apresentam a vontade, que as realiza, como objeto de um respeito imediato, que não faz falta mas carece de razão para atribuir à vontade, sem que esta necessite obtê-la com agrados, o que seria, nos deveres, uma contradição. Essa apreciação dá, pois, a conhecer como dignidade o valor de uma tal disposição de espírito e põe-na infinitamente acima de todo preço, com a qual não pode se por em confronto nem em cálculo comparativo sem de um modo ou de outro ferir a sua santidade.

E pergunta Kant[129] *o que então justifica tão elevadas pretensões dos sentimentos morais bons ou da virtude?* E nos responde afirmando:

---

(127) Ao tratar do reino dos fins, Kant diz que o conceito segundo o qual todo o ser racional deve se considerar, por todas as máximas de sua vontade, o legislador universal, para julgar a si mesmo e às suas ações desse ponto de vista, conduz a um outro conceito bastante fecundo que se lhe relaciona e que é o de *reino dos fins* (63). Pela palavra *reino*, Kant a entende como a ligação sistemática de vários seres racionais por meio de leis comuns. Portanto, como as leis determinam os fins segundo a sua validade universal, se se abstrair das diferenças pessoais entre os seres racionais e de todo o conteúdo de seus fins particulares, poder-se-á conceber um todo do conjunto dos fins em ligação sistemática. E conclui: "Todos os seres racionais estão, pois, submetidos a essa lei que ordena que cada um deles jamais se trate a si mesmo ou aos outros simplesmente como meios, mas sempre simultaneamente como fins em si. Decorre daí, contudo, uma ligação sistemática de seres racionais por meio de leis objetivas comuns, isto é, um reino que, justamente porque essas leis têm em vista a relação desses seres uns com os outros como fins e meios, pode bem ser chamado de *reino dos fins* (desde que não passe de um ideal).
(128) *Idem*, p. 65-66.
(129) *Idem*, p. 61.

> [...] que nada menos do que a possibilidade que proporciona ao ser racional de participar na legislação universal e o torna, por força desse ato, apto a ser membro de um possível reino dos fins, ao qual estava destinado já por sua própria natureza e, por isso, como ser livre a respeito de todas as leis da natureza, obedecendo unicamente àquelas que ele mesmo se dá, e segundo as quais as suas máximas podem pertencer a uma legislação universal — à qual ele simultaneamente se submete. E acrescenta que coisa alguma tem outro valor senão aquele que a lei lhe confere. A própria legislação, no entanto, que determina todo o valor, por isso mesmo deve ter uma dignidade, isto é, um valor incondicional, incomparável, para o qual só a palavra respeito confere a expressão conveniente da estima que um ser racional deve lhe tributar. A autonomia é, pois, o fundamento da dignidade da natureza humana e de toda a natureza racional.

Assim, deve o juiz encontrar dignidade no texto da lei e, assim, tratar com respeito ao jurisdicionado e ter autonomia para decidir de acordo com os valores que a *lei lhe confere,* mas, principalmente, de acordo com os princípios universais de justiça.

4.2. A justiça e a injustiça para Aristóteles

Portanto, entende-se que o homem que carregue em sua essência essas condições morais, éticas e de dignidade estará apto a agir com justiça.

E o que vem a ser Justiça? Qual a Necessidade de sua aplicação?

Visando a encontrar-se a resposta ao primeiro questionamento, mister analisar-se a questão da Justiça e da Injustiça para Aristóteles[130], o qual aconselha que se deve indagar, inicialmente, com que espécies de ações elas se relacionam, que espécie de *meio-termo* é a justiça e entre que extremos o ato justo é o *meio-termo.*

Assevera o filósofo que, segundo a opinião geral, *a justiça é aquela disposição de caráter que torna as pessoas propensas a fazer o que é justo, que as faz agir justamente e a desejar o que é justo; e de modo análogo, a injustiça é a disposição que leva as pessoas a agir injustamente e a desejar o que é injusto.* Tal definição, com efeito, é adotada por Aristóteles como base geral. Vê-se, portanto, que a justiça e injustiça parecem ser termos ambíguos, porém, diante de seus inúmeros significados, os quais se aproximam uns dos outros, tal ambiguidade passa despercebida, ao passo que nos casos em que os significados se afastam

---

(130) ARISTÓTELES. *Ética a Nicômaco.* Texto integral. Tradução Pietro Nassetti. 3. ed. São Paulo: Martin Claret, 2001. p. 103-104.

muito um do outro a ambiguidade, em comparação, fica evidente. Assim, do ponto de partida, determinam-se as várias acepções em que se diz que um homem é injusto. Tanto o homem que infringe a lei como o homem ganancioso e ímprobo são considerados injustos, de tal modo que tanto aquele que cumpre a lei como o homem honesto obviamente serão justos. O Justo, portanto, é aquele que cumpre e respeita a lei e é probo, e o injusto é o homem sem lei e ímprobo.

Partindo-se dos preceitos de Aristóteles, o homem pode ser considerado injusto por ser *ganancioso*, e a questão, portanto, estaria relacionada com bens (*mas não com todos os bens, e sim com aqueles dos quais dependem a prosperidade e a adversidade, e que, considerados de modo absoluto, são sempre bons, porém, para uma determinada pessoa nem sempre o são*). Todavia, o homem considerado injusto nem sempre escolhe o maior, mas também pode-se valer do menor, quando, por exemplo, escolhe as coisas más. Neste sentido, *de modo absoluto, ele escolhe a parte menor*. Desse modo, poder-se-á dizer que o homem sem lei é injusto e o cumpridor da lei é justo, e, em consequência, todos os atos praticados conforme à lei são atos justos.

No que se refere aos atos justos, Aristóteles[131] assim os denomina como sendo aqueles que tendem a produzir e a preservar a felicidade e os elementos que a compõem para a sociedade política. *Assim, essa forma de justiça é a virtude completa, embora não de modo absoluto, mas em relação ao próximo*, razão pela qual a justiça é muitas vezes considerada a maior das virtudes. Com efeito, a justiça é a virtude completa no mais próprio e pleno sentido do termo, porque é o exercício atual da virtude completa. Ela é completa porque a pessoa que a possui pode exercer sua virtude não só em relação a si mesmo, como também em relação ao próximo, uma vez que muitos homens exercem sua virtude nos assuntos privados.

Assim, eis a resposta ao que vem a ser Justiça: *A justiça, portanto, deve ser compreendida, dentre todas as virtudes, como o "bem de um outro", pois, de fato, ela se relaciona com o próximo, fazendo o que é vantajoso a um outro, quer se trate de um governante, ou de um membro da comunidade.*

O objeto da investigação de Aristóteles é aquela justiça que constitui parte de uma virtude, pois ele sustenta que tal espécie de justiça existe. De mesmo modo, será investigada a injustiça no sentido particular.

Aqui a distinção entre injustiça em sentido amplo e injustiça em sentido particular, defendida por Aristóteles: Diz o filósofo que *o significado de ambas consiste em uma relação para com o próximo, mas, uma diz respeito à honra, ao dinheiro ou à segurança (ou àquilo que engloba todas essas coisas, se houvesse um nome para designá-lo), e sua motivação é o prazer proporcionado pelo ganho, ao passo que a outra diz respeito a tudo com que se relaciona o homem bom.*

---

(131) ARISTÓTELES. *Op. cit.*, p. 105.

Da justiça particular e do que é justo no sentido que lhe corresponde, uma das espécies é a que se manifesta nas *distribuições de magistraturas, de dinheiro ou das coisas que são divididas entre aqueles que têm parte na constituição (pois em tais coisas alguém pode receber um quinhão igual ou desigual ao de outra pessoa); a outra espécie é aquela que desempenha uma função corretiva nas transações entre indivíduos*. Esta última divide-se em duas: algumas são transações voluntárias, por exemplo, as compras e as vendas, os empréstimos para consumo, para uso, o depósito, a locação, dentre outras; e as involuntárias, sendo algumas clandestinas, como o furto, o adultério, o envenenamento, o falso testemunho etc.

Aristóteles[132], então, conceitua o que vem a ser justiça distributiva, como sendo *a conjunção do primeiro termo de uma proporção com o terceiro, e o segundo com o quarto, e o justo neste sentido é o meio-termo, e o injusto é o que viola a proporção, pois o proporcional é o intermediário, e o justo é o proporcional.*

Sobre tal questão, Radbruch[133] manifesta-se no sentido de que a igualdade (relativa) no modo de tratar pessoas diversas[134] constitui a essência da justiça distributiva.

Acrescenta Radbruch que a justiça distributiva pressupõe ao menos três pessoas, onde uma delas encontrar-se-á em patamar superior às demais, tendo em vista que será a responsável pela distribuição dos encargos e das vantagens, razão pela qual tal justiça pressupõe uma relação de subordinação ou de supra-ordenação, sendo, pois, a Justiça do Direito Público.

No entender de Radbruch, a justiça distributiva "representa uma forma primitiva da justiça. Ora é nela que precisamente vamos encontrar afora a Ideia de Justiça com relação à qual deve orientar-se o 'conceito de direito'".[135]

E assim conclui Radbruch:

> Com isso não queremos afirmar que o direito possa exclusivamente constituir-se sobre a ideia de justiça. O princípio da justiça distributiva não nos diz que pessoas devemos tratar como iguais ou como desiguais; deixa simplesmente pressupor que a igualdade ou a desigualdade entre elas se acham já fixadas em harmonia com um certo ponto de

---

(132) *Idem*, p. 108-110.
(133) RADBRUCH, Gustav. *Filosofia do direito*. Tradução e Prefácios do Professor L. Cabral de Moncada. 6. ed. revista e acrescida dos últimos pensamentos do Autor. Coimbra, Arménio Amado — Editor — Sucessor, 1979. p. 89-90.
(134) Como exemplo RADBRUCH utiliza-se do exemplo de pessoas diversas como aquelas que recebem tributação conforme sua capacidade tributária, ou mesmo a do prêmio ou do castigo proporcionados ao mérito ou demérito.
(135) RADBRUCH, Gustav. *Op. cit.*, p. 89-90.

vista que aliás não pode ser dado pelo princípio. A igualdade não é um fato que nos seja dado. Nem os homens nem as coisas são iguais entre si. Pelo contrário, são sempre desiguais 'como um ovo em relação a outro ovo'. A igualdade é sempre uma abstração, sob certo ponto de vista. Só desigualdades nos são dadas. Por outro lado, da ideia de justiça distributiva só podemos extrair a noção duma relação entre pessoas, não a noção acerca do modo como as devemos tratar. Podemos concluir que a penalidade a aplicar ao crime de furto deve ser menos rigorosa do que a que devemos aplicar ao assassínio; não, porém, se o ladrão deverá ser enforcado e o assassino esquartejado, ou ainda se ao primeiro deverá ser aplicada uma simples multa e ao segundo uma pena de prisão. Quer isto dizer, em suma que em ambos os casos a justiça carece de ser completada com outros princípios fundamentais, se quisermos extrair dela os verdadeiros preceitos dum direito justo. O seu princípio dá-nos a chave da determinação conceitual do direito. E, assim, precisando melhor a definição acima dada, diremos agora que o direito não é afinal senão a realidade que tem o sentido de se achar ao serviço da ideia de justiça.

Aristóteles[136] trata, também, da outra espécie de justiça: a corretiva. Tal justiça tanto surge nas transações voluntárias como nas involuntárias. Nesta forma de justiça, tenta-se restabelecer a igualdade. *O exemplo é que se uma pessoa foi ferida, a outra infligiu o ferimento; ou uma pessoa matou e a outra foi morta. O sofrimento e a ação foram desigualmente distribuídos, e o juiz tenta igualar as coisas por meio da pena, subtraindo uma parte do ganho do ofensor.*

Nesta questão da justiça corretiva, usam-se os nomes perda e ganho, os quais procedem das trocas voluntárias; de fato, passar a ter mais do que aquilo que se tem direito chama-se ganhar, e passar a ter menos do que uma parte inicial chama-se perder; quando, porém, as pessoas não recebem mais nem menos do que tinham, mas apenas o que já lhes pertence, dizem que têm o que é seu, e que nem ganharam nem perderam. Portanto, o justo é intermediário entre uma espécie de ganho e uma espécie de perda nas transações voluntárias, e consiste em ter uma quantidade igual antes e depois da transação.

Paulo Dourado Gusmão[137], ao comentar o conceito de justiça corretiva de Aristóteles, leciona que essa *está na igualdade aritmética, de modo que as partes tenham igual o proveito ou o dano: a ela não lhe faz diferença que um homem probo tenha roubado por um biltre, ou então que sucedesse o contrário. Os culpados são tratados como iguais.*

---

(136) ARISTÓTELES. *Op. cit.*, p.110-116.
(137) GUSMÃO, Paulo Dourado. *Filosofia do direito*. Rio de Janeiro: Forense, 1985. p. 96-97.

Esse princípio isonômico é a base da justiça corretiva apregoada por Aristóteles, haja vista que sua finalidade é garantir igualdade de tratamento a todos os culpados, na proporção dos crimes cometidos.

Ao falar de reciprocidade, Aristóteles[138] define justiça como sendo

> [...] aquilo em razão do que e diz que o homem justo pratica, por escolha própria, o que é justo, e que quando se trata de distribuir, quer entre si mesmo e outra pessoa, quer entre duas outras pessoas, não dá mais do que convém a si mesmo e menos do que convém ao seu próximo (e de maneira análoga no que diz respeito ao que não convém), e sim dá o que é igual de acordo com a proporção, agindo da mesma forma quando se trata de distribuir entre duas outras pessoas. Por outro lado, a injustiça guarda uma relação semelhante para com o injusto, que é excesso e deficiência, contrários à proporção, do útil ou do nocivo. Por esta razão, a injustiça é excesso e falta, no sentido em que conduz ao excesso e à falta (no caso da própria pessoa, excesso do que é útil por natureza, e falta do que é nocivo; no caso de outras pessoas, embora o resultado seja equiparável de maneira geral ao caso anterior, a proporção pode ser violada em uma e na outra direção). Na ação injusta ter muito pouco é ser vítima de injustiça, e ter demais é agir injustamente.

É esta, então, a exposição de Aristóteles quanto à natureza da justiça e da injustiça e, igualmente, do justo e do injusto em geral.

Portanto, respondendo-se ao questionamento inicialmente formulado sobre qual a necessidade de aplicação da justiça, verifica-se ser imperiosa uma conjugação entre os conceitos de justiça distributiva e corretiva, lecionados por Aristóteles no sentido de que, ao mesmo tempo que se deve dar tratamento proporcional utilizando-se o meio-termo como padrão do que vem a ser justo — distributiva, deve-se igualar as perdas e os ganhos de uma determinada pessoa e, assim, aproximar-se do conceito amplo de justiça — corretiva.

Para Aristóteles[139] há uma diferença entre os atos de injustiça e de justiça, bem como entre o que é injusto e o que é justo, respectivamente. *Uma coisa é injustiça por natureza ou por lei; e essa mesma coisa, depois que alguém a faz, é um ato de injustiça; mas, antes de ser praticada, é apenas injusta. E o mesmo se aplica em relação ao ato de justiça.*

Aqui uma observação importante. Diz Aristóteles[140], em síntese, que os atos praticados pelo homem serão justos ou injustos dependendo da maneira com que este mesmo homem age, isto é, se voluntária ou involuntariamente.

---

(138) ARISTÓTELES. *Op. cit.*, p. 115.
(139) *Idem,* p. 118.
(140) *Idem,* p. 112-124.

Assim, se um homem prejudica outro por escolha, age injustamente, e são estes os atos de injustiça que caracterizam os seus agentes como homens injustos, desde que o ato viole a proporção ou a igualdade. Do mesmo modo, um homem é justo quando age justamente por escolha, mas ele age justamente apenas se sua ação é voluntária.

Assim, o homem deve agir voluntariamente de acordo com os princípios universais de justiça, pois, somente a partir dessa premissa é que poderá dizer-se ter aquele homem praticado um ato justo.

Pergunta Aristóteles: Será mesmo possível sofrer-se a injustiça voluntariamente, ou pelo contrário, sofrer-se a injustiça sempre involuntariamente, da mesma maneira que toda ação injusta é voluntária? De outra forma, a pergunta poderia ser assim formulada: será que todos os que sofrem injustiça estão sendo injustamente tratados. Ou será que praticar a ação injusta é a mesma coisa que sofrê-la?

A resposta é dada no sentido de que, tanto na ação como na passividade é possível participar acidentalmente da justiça e, do mesmo modo, evidentemente, da injustiça. Efetivamente, praticar um ato injusto não é o mesmo que agir injustamente; nem sofrer injustiça é o mesmo que ser tratado injustamente; e da mesma forma quanto a agir injustamente e a ser tratado justamente, pois é impossível ser tratado injustamente se a outra parte não age injustamente, ou ser tratado justamente se a outra parte não age com justiça. Tudo diz respeito à voluntariedade.

Duas outras questões são tratadas por Aristóteles: se quem age injustamente é o homem que dá a um outro uma parte superior a que cabe a este, ou se é o que aceitou o quinhão excessivo; e se é possível um homem agir injustamente em relação a si mesmo. Na verdade as duas questões se relacionam, pois, se age injustamente aquele que deu a outro parte maior do que lhe cabia, agiu injustamente consigo mesmo, pois deixou de possuir a parte total que lhe cabia, desde que tenha agido desta forma, com absoluto conhecimento de causa, ou seja, voluntariamente. E afirma que os atos justos ocorrem entre pessoas que participam de coisas boas em si mesmas e podem tê-las em excesso ou de menos. Para alguns, tais coisas nunca serão excessivas (como os deuses, certamente); para outros — os incuravelmente maus — nem mesmo a mínima parte será benéfica, mas todos os bens dessa espécie são nocivos; e para outros são benefícios dentro de certos limites. *Por conseguinte, a justiça é algo essencialmente humano.*

Outro aspecto tratado por Aristóteles versa sobre a equidade e o equitativo, e suas relações com a justiça e o justo, respectivamente. Com efeito, a justiça e a equidade não parecem ser absolutamente idênticas, nem ser especificamente diferentes. Às vezes louvamos o que é equitativo e o homem equitativo (e até aplicamos esse termo à guisa de louvor, mesmo em relação a outras virtudes, querendo significar com "mais equitativo" que uma coisa é melhor); e às vezes, pensando bem, nos parece estranho que o equitativo, apesar de não se identificar com o justo, seja ainda mais digno de louvor; de fato, se o justo e o equitativo são diferentes, um deles não é bom, mas se ambos são bons, hão de ser a mesma coisa. O equitativo é justo e superior a uma espécie de justiça, embora não seja superior à justiça absoluta, e sim ao erro decorrente do caráter absoluto da disposição legal. Assim, o homem equitativo é aquele que escolhe e pratica atos equitativos, que não se atém de forma intransigente aos seus direitos, mas tenda a tomar menos do que lhe caberia, embora tenha a lei ao seu lado, e essa disposição de caráter é a equidade, que é uma espécie de justiça e não uma diferente disposição de caráter.

Aqui, novamente, faz-se necessário mencionar os comentários de Radbruch acerca da equidade[141], mencionando a preocupação de Aristóteles com esse tema em sua obra *Ética a Nicômaco*, ao propor o dilema: *ou a equidade é alguma coisa melhor que a justiça, ou algo a ser considerado como não diferente da justiça, mas apenas como uma forma dela.*

Segundo Radbruch, foi o mesmo Aristóteles que sugeriu a solução, ao afirmar que a justiça e a equidade não são afinal valores diferentes, mas caminhos diferentes para chegar ao mesmo único valor jurídico.

Nas palavras de Radbruch[142]:

> A justiça considera o caso individual no ponto de vista da norma geral; a equidade procura achar a própria lei do caso individual, para depois a transformar também numa lei geral, visto ambas tenderem por natureza, em última análise, para a generalização. Assim se manifesta, na distinção entre justiça e equidade, a distinção metodológica, a que já atrás nos referimos, entre a noção dum direito justo extraída por dedução de certos princípios gerais, e um conhecimento do mesmo direito justo, mas conquistado por via indutiva e extraído da própria 'natureza das coisas'. A equidade é a justiça de cada caso particular, mas esta noção não nos obriga a modificar a definição de direito que já demos quando chamamos a este a realidade que tem o sentido de se achar ao serviço da justiça.

Mas, enfim, qual a finalidade da justiça? De que forma ela se manifesta?

Segundo Hadbruch[143], é ensinamento da justiça que se deve tratar igualmente coisas iguais e desigualmente coisas desiguais, porém, não afirma definitivamente *como e em que ponto de vista deve-se considerar os homens iguais ou desiguais,*

---

(141) RADBRUCH, Gustav. *Op. cit.*, p. 91.
(142) *Idem,* p. 91.
(143) *Idem,* p. 159-160.

nem tampouco ensina como determinar "a espécie de tratamento a aplicar aos termos dessa relação".

Já para Gusmão[144], definir justiça é tentativa infrutífera, tendo em vista que todos os conceitos sobre ela são incompletos. Em seu entender, o problema não está em definir justiça por essa ou aquela vertente, não é definir o sentimento de cada indivíduo, mas de realizar aquilo que se entende por critério regulador da conduta do homem. E finaliza afirmando que *podemos, assim, dizer o que achamos justo, ou o que foi justo, mas não o que é a justiça.*

Sobre tal questão, Gusmão[145] faz associação entre justiça e ideal, distingue-a da ordem, ultrapassa o conceito de legalidade como sinônimo de justiça e faz uma distinção entre ela e o justo.

Afirma Gusmão, primeiramente que, como ideal, a justiça tem como premissa ser um valor que independe de sua realização histórica, distingue-se da ordem por ser esta não somente uma consequência daquela, como também seu pressuposto, por "não haver justiça fora de ordem".

Por outro lado, afirma Gusmão que a justiça não se exaure na legalidade, porque esta é *uma manifestação histórica da justiça, enquanto a justiça está em constante devenir, tendo sempre a possibilidade de construir um novo ideal do justo para com o qual a legalidade estará em antagonismo.* Em seu entender, pois, *a justiça está acima da legalidade, não só como critério de valorização desta, como, também, exigência da transformação da ordem positiva.*

Por fim, leciona Gusmão que:

> A justiça distingue-se, também, do *justo* por ser ela um *prius*, enquanto este é um *consecutivum*. O justo supõe uma relação entre um ideal de justiça e uma conduta, sendo um problema de conformidade de modos de ser, enquanto a justiça vale por si, sendo condição de todos os sentimentos de justo. O Justo é um momento em que o valor (justiça) se realiza no fato, associação de fato e valor.

E conclui:

> A justiça existe, assim, como um critério de valorização ideal, comum a todos os homens, em função do qual avaliamos a necessidade, e a oportunidade de uma ordem social. Assim, a justiça tem uma sede subjetiva, não podendo ser reduzida nem à rigidez da norma (justo — legalidade), nem tampouco a conformidade à uma ordem, como pretenderam os gregos. A ordem positiva procura, historicamente,

---

(144) GUSMÃO. Paulo Dourado. *Op. cit.*, p. 82.
(145) *Idem*, p. 82-83.

realizar a justiça, mas a justiça, que é um critério ideal de avaliação das necessidades sociais que a determinam, varia. Assim, temos uma só justiça, porque a variabilidade de suas formas podem ser nela compreendidas, mas não podemos indicar a justiça válida em todos os tempos e lugares.

Em sendo assim, qual a finalidade da justiça?

Responde Gusmão[146] que *a justiça é o único valor capaz de julgar a ordem e a segurança, dando-lhe as suas justas medidas, de modo a poder ser estabelecida a paz social justa. Portanto, o fim da justiça, entende-se, é o alcance da paz social justa.*

Mas de que forma a justiça se manifesta?

Afirma o mesmo autor[147] que ela se manifesta na *igualdade*, a qual só existe no momento de *abstração do direito*, isto é, no momento em que se afirma que todos devem ser considerados iguais perante a lei, independentemente de sexo, raça, situação econômica, religião ou ideais políticos. Porém, se assim o fosse, na realidade social, onde os termos das diversas relações jurídicas são desiguais e não iguais, *a justiça como igualdade pura seria injustiça, porque, uniformizando, equipararia desiguais. Em consequência, na sua realização histórica, ou em sua concretização, que chamamos por equidade, torna-se mais equilíbrio, proporção, do que igualdade.*

O *equilíbrio* e a *proporção*, portanto, são os alicerces para a concretização da *paz social justa*.

Ao tratar do tema, Thomas Hobbes[148] aborda a natureza do homem e disserta sobre sua condição diante de outros homens para, ao final, concluir sobre o que é justo e injusto.

Diz Hobbes *que a natureza fez os homens tão iguais quanto às faculdades do corpo e do espírito.* Diz o filósofo que, embora às vezes se encontre um homem que guarde maior força em seu corpo, ou, ao contrário, que seja mais vivo que outro, em espírito, mesmo assim, quando tudo é considerado em conjunto, a diferença entre ambos não é demasiadamente considerável, ou ainda fácil de ser percebida, para que um deles possa, em razão única e exclusivamente desse fato, *reivindicar para si algum benefício ao qual outro não possa aspirar, tal qual o primeiro.*

No que se refere à força corpórea antes mencionada, quando se encontra um homem mais fraco de corpo que outro, ainda assim o primeiro, reconhecida-

---

(146) *Idem*, p. 93.
(147) *Idem*, p. 83.
(148) ROBBES, Thomas. *O leviatã*; Capítulo XIII — Da condição natural da humanidade no que diz respeito à sua felicidade e à desgraça. In: *Os grandes filósofos do direito*. Tradução Reinaldo Guarany; São Paulo: Martins Fontes, fevereiro de 2002. Org. Clarence Morris; p. 104-111.

mente mais fraco, tem condições, ou melhor, poderá ter forças suficientes para matar o segundo, seja em razão de *maquinações secretas, ou mesmo por alianças com outros homens que, como ele, desejam o mesmo resultado.* No que pertine às *faculdades do espírito* há ainda, segundo Hobbes, *uma igualdade ainda maior entre os homens.*

> O que talvez possa tornar essa igualdade incrível é apenas a concepção presunçosa da própria sabedoria, que quase todos os homens acreditam possuir em maior grau do que o vulgo; isto é, em maior grau do que todos os homens menos eles próprios, e alguns outros poucos que, pela fama ou por concordarem com eles, merecem aprovação. Segundo Hobbes, isso prova que os homens são iguais nesse ponto, e não desiguais, porquanto não há, em geral, maior sinal de distribuição igual de alguma coisa do que o fato de cada homem estar contente com a sua parte.

Este trecho de Thomas Hobbes é de extrema importância para o presente Estudo, no que concerne às considerações sobre o verdadeiro conceito de justo: Diz Hobbes que *dessa igualdade de capacidade origina-se a igualdade de esperança de atingirmos nossos Fins.*

Como dito até aqui, todos os homens, de uma forma ou de outra, seja pela força física ou pelas faculdades do espírito, se consideram absolutamente iguais aos demais e, por essa razão, devem buscar em todas as esferas da vida, e em todas as circunstâncias, serem tratados da mesma forma, sendo-lhes concedidas as mesmas oportunidades posto que essa igualdade é que possibilitará que cada um alcance seus objetivos, isto é, os fins pelos quais lutam e constroem suas esperanças.

A inimizade, portanto, diz Hobbes, surge a partir do momento em que dois homens desejam a mesma coisa da qual nenhum deles, em princípio, possa desfrutar, surgindo, a partir desse momento, a discórdia que segundo o autor está presente na natureza humana por três causas distintas, quais sejam: *a competição* — que leva os homens a atacarem os outros por lucro; *a desconfiança* — que os fazem lutar por segurança; e a *glória* — que é a busca incessante por reputação.

É nesse momento que se faz necessário que todos os homens vivam sob a égide de um poder e que este seja comum a todos eles, capaz de inspirar respeito a todos, sob pena de, em não ocorrendo, viverem os homens em estado de guerra, a qual, nessa condição é uma luta de todos os homens contra todos os demais.

Diz Hobbes que dessa guerra de todo homem contra todo homem nasce uma consequência, qual seja, de que nada pode ser injusto. E Afirma: *As noções de certo e errado, de justiça e injustiça não tem lugar aí. Onde não há poder comum não há lei, não há injustiça...*

E o que seria justiça e injustiça, o homem justo e injusto para Hobbes?

Segundo o filósofo[149], as palavras *justo e injusto*, ao serem atribuídas aos homens, significam uma coisa; e quando atribuídas às ações, significam outra. No primeiro caso — quando atribuídas a homens — significam *a conformidade ou desacordo em relação à razão, não dos costumes ou do modo de viver, mas, de ações específicas*. Assim, um homem justo é aquele que toma todo o cuidado possível para que todas as suas ações sejam justas, enquanto o injusto é aquele que negligencia esse cuidado. *O que dá às ações humanas o sabor da justiça é uma certa nobreza ou coragem (raramente encontrada), em virtude da qual um homem despreza dever à fraude ou à quebra de palavra a satisfação de sua vida. É essa justiça de costumes que se tem em mente quando a justiça é chamada de virtude, e a injustiça de vício*.

No que se refere à justiça das ações, os homens não mais são chamados de justos ou injustos, mas tão somente de *inocentes ou culpados*. Segundo Hobbes, os autores dividem a justiça das ações em *cumutativa e distributiva*, afirmando que a primeira consiste em uma proporção aritmética e a segunda em uma proporção geométrica.

Tal distinção, com efeito, identifica a ação comutativa com a *igualdade de valor das coisas que foram contratadas*, enquanto que a distributiva, com a *distribuição de benefícios iguais para homens de mérito igual*. A Justiça comutativa é a justiça de um contratante, isto é, o cumprimento de pactos, na compra e venda, no aluguel, ou na oferta para alugar, no emprestar e no tomar emprestado, na troca, na permuta e em outros atos do contrato, enquanto que a Justiça distributiva é a justiça de um árbitro, o que significa dizer, o ato de definir o que é justo. Pelo qual, merecendo o árbitro a confiança daqueles que o elegeram, se ele corresponder a essa confiança, vale dizer, então, que distribuiu a cada um o que realmente lhe pertencia, sendo esta, de fato, uma distribuição justa, podendo ser chamada, pois, de justiça distributiva, embora Hobbes entenda que o melhor termo a ser aplicado seria "equidade", por tratar-se, também, de uma lei da natureza.

E o que diz a lei da natureza quando a um homem for confiado julgar entre dois homens?

Responde Hobbes que se isso ocorrer, é um preceito da lei da natureza que *ele os trate equitativamente*, tendo em vista que sem isso, as controvérsias entre os homens somente poderiam ser decididas pela guerra. *Assim, aquele que for parcial no julgamento estará fazendo o possível para dissuadir os homens do uso de juízes e árbitros e, como consequência, estará sendo causa da guerra (contra a lei fundamental da natureza)*.

---

(149) HOBBES, Thomas. *Op. cit.*, p. 110-111.

4.3. O juiz justo

Um homem que carregue essa carga de justiça, que guarde os valores morais, éticos e de dignidade será um homem de virtudes, será um homem ponderado, solidário e atendo às necessidades sociais.

O que precisaria ter esse homem para tornar-se um Juiz Justo?

Antes de encarar-se o desafio de tal inquirição, faz-se necessário entender-se o que representa, o que envolve o ato de julgar.

Aqui novamente com os conceitos de ética, moral e dignidade humana, surgem como alicerces do conceito de justiça, no momento em que o julgador se depara com a seguinte situação: como pode o julgador encontrar a resposta certa para a concretização da justiça, valendo-se de um equilíbrio entre a lei e a dignidade da pessoa humana, aliados aos princípios morais e éticos?

Paul Ricoeur[150] distingue duas finalidades do ato de julgar: uma primeira, de curto prazo, em virtude da qual *julgar significa deslindar para pôr fim à incerteza*; a outra, uma finalidade de longo prazo, por meio da qual se pode conceber a *contribuição do julgamento para a paz pública*.

Em sua obra *O Justo 1*, Ricoeur diz que *Julgar é deslindar*; essa primeira finalidade põe o ato de julgar no sentido judiciário da palavra, a saber, *estatuir, na qualidade de juiz, no prolongamento do sentido não técnico, não judiciário do ato de julgar*. Diz ainda, que no *sentido usual* da palavra, o *termo julgar abrange uma gama de significados principais que propõe o autor classificar segundo o que ele denominaria de ordem de densidade crescente*. No sentido fraco, portanto, julgar seria opinar; expressar uma opinião a respeito de determinada coisa. Em um sentido um pouco mais forte, julgar seria avaliar, induzindo-se, assim, um elemento hierárquico que expressa preferência, apreciação, aprovação. Em um terceiro grau de força, julgar expressaria o encontro entre o lado subjetivo e o lado objetivo do julgamento; lado objetivo: alguém considera uma proposição verdadeira, boa, justa, legal; lado subjetivo: adere a ela. Por fim, em um último e mais profundo nível, o julgamento procederia da conjugação entre entendimento e vontade: o entendimento que considera o verdadeiro e o falso; a vontade que decide. Com isso, Paul Ricoeur diz termos atingido o sentido forte da palavra julgar: não só opinar, avaliar, considerar verdadeiro, mas, em última instância, tomar posição. E conclui dizendo que é desse sentido que se pode partir até chegar-se ao sentido propriamente judiciário do ato de julgar[151].

---

(150) RICOEUR, Paul. *O justo 1* — justiça e verdade e outros estudos. Tradução Ivone C. Benedetti. São Paulo: Martins Fontes, 2008. p. 175-176.
(151) Diz, ainda, Paul Ricoeur, tratando do sentido judiciário, que é realmente nesse sentido — no sentido judiciário — que o julgamento intervém na prática social, no nível do intercâmbio discursivo que Jürgen Habermas associa à atividade comunicacional, ensejada pelo fenômeno fulcral dessa prática social constituída pelo processo. E assim, é no âmbito do processo que o ato de julgar recapitula todos os significados usuais: opinar, avaliar, considerar verdadeiro ou justo, por fim, tomar posição.

E o ato de julgar, no sentido judiciário, se dá pelo processo. É por intermédio dele, do processo, que o julgador buscará a verdade, avaliará as condições dos litigantes, apreciará as provas, enfim, tomará sua posição e buscará o justo.

Leciona Rogério José Bento Soares do Nascimento[152] que a convicção de que uma doutrina constitucional, para adequar-se à realidade brasileira, tem de obrigatoriamente passar pela construção e manutenção de uma democracia deliberativa, apoiada em um modo de convivência entre discussões e decisões institucionais e não institucionais articuladas por um devido processo, tem que fundamentar-se na aceitação de que a ordem jurídica e estatal é e tem que ser ética, isto é, que a busca de fundamentos que orientam uma leitura constitucional e das garantias constitucionais do processo tem que estar impregnada de valores éticos.

Indaga Nascimento: *existem princípios fundamentais prioritários? Há hierarquia entre os valores constitutivos da identidade moderna ocidental: liberdade, igualdade e solidariedade? O princípio da dignidade da pessoa humana está acima destes valores? Qual a posição da ideia de justiça?*

Após indagar, Bento Nascimento, sem pretender dar resposta a todas as questões, manifesta-se, pura e simplesmente no sentido de que para alcançar-se este objetivo não se pode afastar do conceito de justo, visto como uma possibilidade de ponto de irradiação a partir do qual os compromissos do Estado Democrático de Direito ganham sentido e substância.

Conclui Nascimento[153]: *O processo, seja qual for o objeto submetido à jurisdição, existe para determinar o justo.*

E o justo entende-se, é o resultado de uma Decisão que espera-se justa e que contribua para a paz social e para a segurança jurídica.

Mas pergunta Ricoeur[154]: Por que não podemos nos deter naquilo que chamamos de finalidade de curto prazo do ato de julgar, a saber, o término da incerteza?

E responde:

> Porque o próprio processo não passa de forma codificada de um fenômeno mais amplo, que é o conflito. Portanto, cumpre recolocar o processo, com seus procedimentos específicos, no plano de fundo de

---

(152) NASCIMENTO, Rogério José Bento Soares do. *Lealdade processual:* elemento da garantia de ampla defesa em um processo penal democrático. Rio de Janeiro: Lumen Juris, 2011. p. 104-107.
(153) NASCIMENTO, Rogério José Bento Soares do. *Op. cit.,* p. 169.
(154) *Idem,* p. 178-179.

um fenômeno social mais considerável, inerente ao funcionamento da sociedade civil e situado na origem da discussão pública.

É até aí que cumpre ir: atrás do processo há o conflito, a pendência, a demanda, o litígio; e no plano de fundo do conflito há a violência. O lugar da justiça encontra-se assim marcado em negativo, como que fazendo parte do conjunto das alternativas que uma sociedade opõe à violência, alternativas que, ao mesmo tempo, definem um Estado de direito.

Então, onde está a finalidade última do julgar?

Para Paul Ricoeur[155], *o horizonte do ato de julgar reside na paz social, de modo que essa finalidade última repercute na definição inicial do ato de julgar com sua finalidade próxima*, qual seja, *por fim à incerteza deslindando o conflito*, isto é, separando, traçando uma linha entre o que é de cada um. A finalidade, portanto, da paz social, é uma só, segundo o autor: *o reconhecimento*. E esse reconhecimento, alcançado com o ato de julgar, atinge seu objetivo quando aquele que *ganhou o processo* ainda se sente capaz de dizer: meu adversário, aquele que perdeu, continua sendo como eu um sujeito de direito; sua causa merecia atenção; ele tinha argumentos plausíveis e estes foram ouvidos. Todavia, o reconhecimento somente seria completo se a coisa pudesse ser dita por aquele que perdeu, por aquele que foi contrariado, condenado; ele deveria poder declarar que a sentença que o contraria não era um ato de violência, mas de reconhecimento.

Aqui começam a surgir as inquietações que nortearam o objetivo do presente Estudo. Se houve o reconhecimento do que é justo, por uma Decisão Justa, proferida por um Juiz Justo, é possível contrariar tal decisão por meio de um acordo ou de uma conciliação após a declaração do Estado/Juiz não mais poder ser discutida em sede recursal? Esta ação não representaria um ato de violência ao reconhecimento do direito por parte do Estado?

É essa, portanto, a busca pelo justo. Não deve apenas o julgador, ao proferir sua sentença, receber o reconhecimento daquele que obteve êxito em sua pretensão, mas, também, sentir-se respeitado aquele que, por alguma razão, não teve a mesma sorte. E isso só se dá quando, no decorrer do processo, as partes são tratadas com igualdade de oportunidades, quando respeitado o contraditório, quando se exige a prova de quem efetivamente tenha condições de produzi-la, enfim, quando o Estado/Juiz dê a cada um seu quinhão na sociedade.

> É essa a justa distância entre os parceiros defrontados, próximos demais no conflito e distantes demais na ignorância, no ódio e no desprezo, que resume bem, a meu ver, os dois aspectos do ato de julgar: por um lado, fazer que cada um reconheça a parte que o outro toma na mesma

---

(155) *Idem*, p. 180.

sociedade, em virtude da qual o ganhador e o perdedor do processo seriam considerados como pessoas que tiveram sua justa parte nesse esquema de cooperação que é a sociedade.[156]

Diz Benjamin Cardozo[157] que o juiz, nos momentos de introspecção, certamente se depara com suas dúvidas e os problemas que exigem solução. E se perguntará:

> [...] que faço, eu, quando decido uma causa? A que fontes de informação recorro como guia? Em que proporção permito que elas contribuam para o resultado? Em que proporção deveriam elas contribuir? Se um precedente judiciário é aplicável, em que circunstâncias eu me recuso a segui-lo? Se nenhum precedente judiciário é aplicável, de que modo alcanço a regra (*rule*) que se tornará um precedente para o futuro? Se eu estou procurando uma ligação lógica, a simetria da estrutura legal, até onde estenderei minhas investigações? Em que ponto será detida a pesquisa, por algum costume discrepante, por alguma consideração do bem-estar social, pelos meus próprios ou pelos *stantards* comuns da justiça e da ética?

Essas são algumas questões que sensibilizam o magistrado e que o ajudam — ou definitivamente deveriam ajudar — na construção do direito e no alcance da justiça.

Indaga Cardozo: *Onde encontra o juiz a lei que incorpora ao seu julgamento?* E responde que há duas formas de fazê-lo: a primeira versa sobre questões em que a fonte é conhecida, é óbvia. A regra que se ajusta ao caso pode ser fornecida pela constituição ou pela lei escrita. Se isso acontece, o juiz não vai além. Porém, quando não há essa obviedade, quando há lacunas no direito positivado, o juiz deve preencher essas lacunas. A isso, Cardozo chama de *processo de legislação*. Hoje, uma grande escola de juristas continentais se bate por uma liberdade ainda mais extensa de adaptação e interpretação. A lei escrita, dizem eles, é frequentemente fragmentária, mal pensada e injusta. O juiz, como intérprete do sentimento do direito e da ordem da comunidade, deve suprir as omissões, corrigir as incertezas e harmonizar os resultados com a justiça, por meio de um método de livre decisão.

É evidente que tal consideração nada tem a ver com decisionismos exacerbados, atos de arrogância e discricionariedade e contrários ao sistema de normas e de princípios que regem o ordenamento jurídico do país. Falamos da construção do direito[158], como forma de alcance da justiça e do papel do magistrado nesse mister. Aqui há que se diferenciar a liberdade do juiz da discricionariedade de uma decisão.

---

(156) *Idem*, p. 181.
(157) CARDOZO, Benjamin Nathan. *Op. cit.*, p. 11-14.
(158) *Idem*, p. 90. Na 4ª Conferência, denominada Adesão ao precedente. O elemento subconsciente no processo judicial. Conclusão, da obra que ora apreciamos, Benjamim Cardozo assevera que o

No que se refere à questão da discricionariedade Eligio Resta[159] demonstra sua preocupação ao dizer que sua ideia é que *um sistema judiciário chamado a decidir sobretudo, e com poderes muitas vezes discricionários e, nos fatos, pouco controláveis, é o lugar que oculta quotas fortes de irresponsabilidade: consente álibis e cobre a forte diferença entre aquilo que o sistema da jurisdição diz que é, e o que faz, e aquilo que na realidade é e faz.*

Difícil tarefa a de julgar. Todas as perguntas formuladas por Benjamin N. Cardozo e acima referidas podem ser traduzidas em outras formulações sobre as quais refletem — ou deveriam refletir — os juízes, diuturnamente: como encontrar a verdade (MATERIAL)? Como agir diante do caso concreto? Como garantir oportunidades iguais aos litigantes? Como proferir uma decisão justa?

Uma primeira resposta estaria no distanciamento — não no afastamento ou no esquecimento — do juiz do âmbito do Direito, isto é, deveria o juiz procurar, em outras disciplinas, em outras ciências, a resposta para os questionamentos que certamente o Direito não trará (ou pelo menos, não de forma satisfatória e conclusiva). Fala-se, pois, da questão da interdisciplinaridade.

Neste sentido, Lídia Reis de Almeida Prado[160], referindo-se a diversos autores, realiza suas conclusões sobre a interdisciplinaridade dispondo:

> (a) ser importante para o homem ampliar a sua potencialidade para outras formas de conhecimento que não apenas o racional; (b) de

---

sistema de construção do direito através das decisões judiciais, que passam a fornecer a regra jurídica para transações efetuadas antes que a decisão fosse anunciada, seria, certamente, intolerável na sua severidade e opressão, se o direito natural, no sentido em que usamos tal expressão, não fornecesse ao juiz a norma principal para o julgamento, quando faltassem os precedentes e os costumes, ou esses não se enquadrassem ao caso em exame. A concordância com tal método tem sua base na crença de que quando o direito deixou de regular uma situação por meio de qualquer regra preexistente, nada há que ser feito, exceto conseguir algum árbitro imparcial que declare o que homens justos e razoáveis, conscientes dos hábitos de vida da comunidade e dos *Standards* de justiça e tratamento equitativo prevalentes entre eles, fariam em tais circunstâncias, guiando-se apenas pelas regras do costume e da consciência para regulamentar sua conduta. Sente-se que de nove vezes em dez, se não mais frequentemente, a conduta do homem bem equilibrado não seria diferente se a regra incorporada na decisão tivesse sido anunciada previamente pela lei.
E continua: Sem dúvida, o sistema ideal, se fosse atingível, seria um código ao mesmo tempo tão flexível e minucioso, que fornecesse, antecipadamente, a regra justa e adequada para todas as situações cabíveis. Porém, a vida é demasiado complexa para que se atinja esse ideal dentro do compasso dos poderes humanos. Devemos reconhecer a verdade de que a vontade que inspira a lei refere-se, exclusivamente, e abrange, tão-somente, aos fatos concretos, deveras estreitos e limitados. Quase sempre uma lei tem em vista um único ponto. Toda a história demonstra que a legislação só intervém quando se evidenciou um abuso definido, por cujo excesso o sentimento público afinal se levantou.
(159) RESTA, Eligio. *Op. cit.*, p. 97.
(160) PRADO, Lídia Reis de Almeida. *O juiz e a emoção* — aspectos da lógica da decisão judicial. 4. ed. Campinas/SP: Millennium, 2008. p. 11-12.

haver uma absoluta necessidade na diminuição da distância entre as disciplinas, bem como uma articulação que permita o diálogo entre elas; (c) ter em mente que a universalidade deve estimular a pesquisa coletiva de seus membros; (d) de que uma teoria da interdisciplinaridade constrói-se a partir da linha de abordagem (teórico-prática) de cada pesquisador; (e) termos em mente que o que se designa por interdisciplinaridade é uma conduta epistemológica que ultrapassa os hábitos intelectuais estabelecidos, ou mesmo os programas de ensino; (f) que a atitude interdisciplinar não seria apenas resultado de uma simples síntese, mas de sínteses imaginativas e ousadas e, por fim (g) que a interdisciplinaridade só existe a partir do desenvolvimento das próprias disciplinas.

Outra resposta, hoje ainda pouco mencionada, está na tese defendida por Julie Allard e Antoine Garapon[161] que defendem um fenômeno por eles denominado de *comércio dos juízes*, através do qual se estaria *preparando uma revolução dos modos de produção, reprodução e transmissão dos direitos nos anos futuros*[162].

---

(161) ALLARD, Julie; GARAPON. Antoine: *Os juízes na mundialização* — a nova revolução do direito. Lisboa: Instituto Piaget, 2006. p. 12.
(162) Sobre o Poder Judiciário, mister citarmos o Prefácio aos *COMENTÁRIOS AOS PRINCÍPIOS DE BANGALORE DE CONDUTA JUDICIAL*, escrito por **C. G. WEERAMANTRY Presidente** da Judicial Integrity Group. (Nações Unidas (ONU). Escritório Contra Drogas e Crime (Unodc). Comentários aos Princípios de Bangalore de Conduta Judicial/Escritório Contra Drogas e Crime; tradução de Marlon da Silva Malha, Ariane Emílio Kloth. Brasília: Conselho da Justiça Federal, 2008. 179 p. Título original: *Commentary on The Bangalore Principles of Judicial Conduct.* Diz Weeratantry: "Um Judiciário de incontestável integridade é a instituição base, essencial, para assegurar a conformidade entre a democracia e a lei. Mesmo quando todas as restantes proteções falham, ele fornece uma barreira protetora ao público contra quaisquer violações de seus direitos e liberdades garantidos pela lei. Estas observações aplicam-se domesticamente, dentro do contexto de cada estado da nação, e globalmente, vendo o Judiciário global como um grande bastião do ordenamento jurídico em todo o mundo. Assegurar a integridade do Judiciário global é, assim, uma tarefa à qual muita energia, habilidade e experiência devem ser devotadas. Isso é precisamente o que o Grupo Judicial para o Fortalecimento da Integridade Judicial (*The Judicial Integrity Group*) procurou fazer desde que iniciou esta tarefa, em 2000. Começou como um grupo informal de chefes de justiças e juízes de cortes superiores do mundo, que combinaram suas experiências e habilidades com um senso de dedicação a esta nobre tarefa. Desde então, seus trabalhos e realizações cresceram a ponto de causar impacto significativo na cena judicial global. Passados apenas poucos anos, os princípios originalmente trabalhados como uma tentativa receberam crescente aceitação dos diferentes setores do Judiciário global e das agências internacionais interessadas na integridade do processo judicial. Como resultado, os Princípios de Bangalore são vistos cada vez mais como um original que todos os judiciários e sistemas legais podem aceitar sem restrições. Em suma, estes princípios dão expressão às mais elevadas tradições que se relacionam à função judicial como visualizada nas culturas e nos sistemas legais de todo o mundo. A tarefa de chegar a um acordo quanto aos princípios do núcleo foi difícil, mas o *Judicial Integrity Group*, com seu firme compromisso de conseguir um resultado que levasse à aceitação universal, ultrapassou as barreiras que apareceram no caminho de um anteprojeto universal. Não só foram os Princípios de Bangalore adotados por alguns Estados, como ainda serviram de modelo a outros para a formação de seus próprios princípios de conduta judicial. As organizações internacionais também 10 apoiaram-nos e deram-lhes seus endossos. O Conselho Econômico e Social das Nações Unidas, pela Resolução 2006/23, convidou os Estados--membros a compatibilizarem seus sistemas legais domésticos com os Princípios de Bangalore de

Allard e Garapon enfatizam que o comércio judicial dispõe de uma força racional própria. Dizem, em síntese, que, ao incentivarem os juízes a servirem-se dos argumentos de decisões estrangeiras, a discutirem a eficácia das diferentes soluções possíveis ou a avaliarem permanentemente os sistemas jurídicos, estas redes de intercâmbio não só modificam o estilo judicial como também aumentam a racionalidade das decisões de justiça. E concluem:

> Uma vez que assenta numa autoridade persuasiva e não restritiva ou vinculativa, o comércio entre juízes evoca a própria função do 'terceiro poder' — julgar — e duas das suas características essenciais: a posição dos juízes relativamente ao poder político, por um lado, e as restrições próprias do julgamento, por outro.

Porém, não são essas as únicas respostas. No prefácio escrito por José Renato Nalini, na obra de Lídia Reis de Almeida Prado[163], encontra-se a obrigação dada a todo e qualquer juiz, qual seja, *a regra dos 5 nãos: não, pensar. Se pensar, não, falar. Se falar, não, escrever. Se escrever, não, assinar. Se assinar, não, se surpreender...*

E conclui Nalini dizendo *que o ser humano sensível não sofre menos que os insensíveis caso venha a se tornar juiz.* Porém, sempre haverá um significado para sua opção. Daí a necessidade de se aperfeiçoar o recrutamento dos juízes. Para Nalini, muito mais importante do que saber Direito é a pessoa conhecer-se, interessar-se pelo semelhante, condoer-se de alheio sofrimento. Posteriormente,

---

Conduta Judicial e a incentivar seus judiciários a levarem em consideração suas regras ao rever ou ao desenvolver normas referentes ao profissional e à conduta ética dos membros do Judiciário. O Escritório das Nações Unidas sobre Drogas e Crimes apoiou-os ativamente e os Princípios de Bangalore receberam também o reconhecimento de organismos tais como a Associação Americana de Advogados e da Comissão Internacional de Juristas. Os juízes dos Estados-membros do Conselho Europeu também os avaliaram positivamente.

Um comentário detalhado foi preparado sobre cada um dos Princípios de Bangalore, e estes, juntamente com o esboço do Comentário, foram discutidos e avaliados de modo cuidadoso por um grupo de peritos em uma reunião intergovernamental, sujeita a revisão e adequações futuras, realizada em Viena em 1º e 7 de março de 2007, onde compareceram participantes de 35 países. O esboço e as emendas propostas foram também alvo de consideração detalhada na reunião do *Judicial Integrity Group*.

Nestas reuniões os Princípios de Bangalore e o Comentário, emendados, foram adotados, dando-lhes, desse modo, aumento em peso e autoridade. O Comentário deu profundidade e força aos princípios. Como resultado, temos agora uma extensamente aceita e cuidadosamente pesquisada coleção dos Princípios com um Comentário, o que avançou consideravelmente ao longo da estrada para a adoção global dos Princípios como uma Declaração Universal da Ética Judicial.

Necessita ser notado também que, assim como todos os sistemas tradicionais do Direito são unânimes quanto à insistência nos mais elevados padrões da retidão judicial, assim também o fazem todos os grandes sistemas religiosos que endossam este princípio em toda a sua integridade. Em reconhecimento disto, o Comentário contém também, no apêndice, um esboço breve de ensinamentos religiosos sobre o assunto da integridade judicial.

Temos nos Princípios de Bangalore um instrumento de grande valor potencial não somente para os judiciários, mas também para o público em geral de todas as nações e para todos que se preocupem em estabelecer bases sólidas para um Judiciário global de integridade insuspeitável."
(163) *Idem*, p. XV.

vontade de trabalhar, humildade, espírito público. Ajudará, bastante, com efeito, procurar preceitos nos códigos e estudar a Constituição.

Espera-se, todavia, que o magistrado seja justo em suas decisões, mas, principalmente, que exerça seu mister com serenidade, humanidade e humildade, procurando agir como ser humano e não como um ser divino.

É para o que adverte Lídia Prado[164]:

> O magistrado tenta ser divino, sem máculas, incidindo, às vezes, na *hybris* (descomedimento) de se considerar a própria Justiça encarnada (porque só os deuses julgam os mortais). Esse fenômeno chama-se Inflação da persona, que ocorre quando os magistrados de tal forma se identificam com as roupas talares, que não mais conseguem desvesti--las nas relações familiares ou sociais. A inflação da persona causa fragilidade ou rigidez da psique.

Aristóteles[165], tomando definição como base geral, assevera que a justiça é aquela disposição de caráter que torna as pessoas propensas a fazer o que é justo, que as faz agir justamente e a desejar o que é justo; e de modo análogo, a injustiça é a disposição que leva as pessoas a agir injustamente e a desejar o que é injusto.

Assim, o Juiz Justo é aquele que, valendo-se de sua humanidade, de seus princípios moais, éticos e de dignidade, busca a verdade a fim de entregá-la à sociedade sob a forma de justiça, por meio do processo. É como dito anteriormente por Nalini, já citado, o Juiz Justo tem que se interessar pelo semelhante, condoer--se de alheio sofrimento, ter vontade de trabalhar, humildade e espírito público.

Humanidade e verdade com responsabilidade. Neste particular, Hannah Arendt[166] faz uma distinção entre responsabilidade pessoal e responsabilidade política alegando que a primeira se contrapõe à segunda, ao passo que nesta *todo governo assume pelas proezas e malfeitorias de seu predecessor, e toda nação pelas proezas e malfeitorias do passado*.

E continua a autora a discorrer sobre a questão da responsabilidade pessoal utilizando-se do exemplo do julgamento do nazista Eichmann.

> No caso em tela ficou evidenciado que o autor de inúmeros crimes contra judeus teve responsabilidade pessoal, muito embora sua defesa tenha tentado atribuir a responsabilidade às questões sociais e políticas da Alemanha Nazista, ao argumento de que tais crimes não poderiam ser imputados ao réu, mas a todo o sistema do qual ele seria apenas um pequeno dente da engrenagem e que se não o fizesse, outra pessoa o faria.

---

(164) PRADO, Lídia Reis de Almeida. *Op. cit.*, p. 51-52.
(165) ARISTÓTELES. *Ética a Nicômaco*. Tradução: Pietro Nasseti. 3. ed. São Paulo: Martin Claret, 2001. p. 103.
(166) ARENDT, Hannah. *Responsabilidade e julgamento*. São Paulo: Companhia das Letras, 2003. p. 89-94.

O Tribunal, em contraposição à tese da defesa, entendeu pela responsabilidade pessoal do nazista por concluir não ser permitido, mesmo sob o regime ditatorial, a transferência da responsabilidade do homem para o sistema.

No caso do presente estudo, essa responsabilidade também deve ser atribuída ao juiz. Entende-se que o simples fato de não haver no ordenamento jurídico um dispositivo específico para essa ou aquela questão, deve o magistrado buscar nos seus conceitos de justiça, moralidade e humanidade, utilizando-se de todas as outras fontes de direito, a verdade e, assim, a melhor solução para o caso concreto.

Como conclui Arendt, *pensar, querer e julgar, eis a função do juiz justo*.

Homologar aquele acordo entre o Reclamante e o Município, citado na Introdução do presente Estudo, nos termos em que foi proposto, era, entende-se, agir com imensa desumanidade, deixar de lado todos os conceitos e princípios universais de justiça que serviram de fundamento para a presente investigação.

Embora a lei determine que o juiz deve, em síntese, buscar a conciliação a qualquer tempo — art. 125, inciso IV, do CPC — entende-se que o acordo posterior à coisa julgada ofende frontalmente a todos os princípios antes elencados, fazendo, ainda, recair sobre o jurisdicionado o peso de saber que seu direito material, embora reconhecido, não lhe pode ser entregue, pois um acordo pôs fim ao processo, sem a efetiva prestação jurisdicional por ele almejada.

4.4. O processo justo

Buscar a verdade (MATERIAL) e entregá-la à sociedade sob a forma de justiça, através do processo. Para que isso ocorra, faz-se necessário que o processo seja justo e alcance, em última análise, uma decisão justa, ficando a cargo do magistrado a função de agente de preservação intransigente das garantias constitucionais nesse mesmo processo.

4.4.1. A evolução do conceito de processo

Para uma melhor compreensão sobre o novo conceito de Processo no Estado Constitucional, que conduzirá o presente Estudo pelo caminho na busca do almejado processo justo, mister compreender-se sua evolução desde épocas remotas até a realidade atual, mesmo antes de se conhecer a definição da autonomia do direito processual civil.

Leciona Marinoni[167] que a doutrina, em épocas distantes, anteriores à definição de autonomia do direito processual civil, tinha seu objeto na busca da com-

---

(167) MARINONI, Luiz Guilherme. *Curso de processo civil*. V. 1. Teoria geral do processo. São Paulo: Revista dos Tribunais, 2006. p. 387-388.

preensão da natureza jurídica do processo, o qual era compreendido como um contrato, com base no direito privado.

Diz Marinoni que no direito romano não poderia existir processo sem que as partes nele envolvidas estivessem previamente de comum acordo, para, após, levarem seus conflitos ao conhecimento do "pretor". Eram as partes, nesse ajuste prévio, que fixavam os limites da lide e do objeto que deveria ser solucionado, comprometendo-se, diante o "pretor" em aceitar a decisão que viesse a ser proferida.

> Tal compromisso recebia o nome de *litis contestatio*. A *litiscontestátio* era necessária em razão das particularidades da sociedade e do Estado da época. O Estado não se impunha sobre os particulares ou não era capaz de sujeitar os litigantes à sua decisão. Era preciso que as partes se submetessem voluntariamente à solução estatal. Quando firmavam o compromisso (*litis contestatio*), as partes também escolhiam um árbitro de sua confiança, que então recebia do pretor o encargo de decidir o litígio.

> Esse compromisso ou *litis contestatio* foi qualificado pela doutrina como um negócio jurídico de direito privado ou como um *contrato*. O contrato era estabelecido pela *litis contestatio.* Por essa razão, atribuiu-se ao processo natureza contratual. Tratava-se de uma espécie de contrato social.

Em sua evolução o processo, que inicialmente era concebido como *contrato*, passou a ser compreendido, isto é, sua natureza jurídica passou a ser compreendida como a de um "quase-contrato", isto porque, queria deixar-se claro, segundo Marinoni, *que o processo não se enquadrava perfeitamente na noção de contrato, até porque os romanos chegaram à figura do quase-contrato por exclusão, argumentando que a obrigação que não decorre do contrato ou do ato ilícito derivaria de um quase-contrato, vale dizer, de algo parecido com o contrato.*

Diz-se, portanto, que tanto uma como outra teoria — *contrato* ou *quase-contrato* — buscavam *enquadrar o processo nas categorias de direito privado*. Isto porque *quanto a caracterização do processo se importava apenas com a iniciativa dos particulares, e não com a função do juiz, era necessário que se concebesse o processo como mero "negócio das partes", e não como um lugar em que o Estado exprime sua autoridade*[168]

Anteriormente, ainda, à doutrina, caminhar no sentido de reconhecer a autonomia do direito processual, o processo, segundo Marinoni, era reconhecido apenas como um simples "procedimento" ou "rito", *visto como mera sequência de atos, destinado a permitir a aplicação do direito material violado.*

Nesta fase, o processo era constituído de uma série de atos a serem praticados em decorrência do litígio estabelecido por meio de uma "relação jurídica de direito privado". Segundo Marinoni *a relação privada, ao se tornar litigiosa, dava origem*

---

(168) *Idem,* p. 388-390.

à necessidade da prática de uma sequência de atos que faziam parte do rito judicial de aplicação do direito material que se tornava litigioso. E conclui Marinoni tratar-se de uma consequência lógica entre o direito processual e o material, inexistindo outro fim ao procedimento que não o de servir, ou de restituir ao seu titular, o direito material violado.

Em época mais recente, não muito distante da que até aqui discorreu-se, o processo deixou de ser inserido no âmbito do direito privado, passando a figurar na seara do direito público, no momento em que, diz Marinoni, a tarefa de solucionar os conflitos passou a ser compreendida como um *poder de julgar do Estado*, isto é, quando a função de solucionar as relações litigiosas passou a ser entendida como tarefa fundamental do Estado, deixando, a partir de então, o processo, de ser visto sob o ângulo de *desejo das partes*, passando, assim, a ter como finalidade servir à jurisdição, posto que é por meio do processo que o Estado passa a manifestar-se com o objetivo de fazer valer o ordenamento jurídico.

Neste novo contexto, portanto, nas palavras de Marinoni:

> Cabe ao juiz decidir, de forma imperativa, sobre o litígio, dando razão a uma das partes. Não importa saber se o réu está de acordo com a instauração do processo ou em se submeter à decisão do juiz. Ambas as partes têm consciência de que não possuem outro lugar para buscar a solução dos seus conflitos. O Objetivo do Estado, por isso mesmo, é o de resolver os conflitos através da afirmação da vontade do ordenamento jurídico, pois assim estará resguardada a inteireza do tecido social e a sua própria essência. O processo, em resumo, é instaurado em razão da provocação da parte mas tem o fim de permitir a atuação da lei, exprimindo, através de todos os seus poros, o poder estatal.

Diante da nova conceituação, restou evidente que o direito material repousa no campo do direito privado, enquanto o direito processual é público, haja vista ser do Estado o dever/poder de julgar, ou, nas palavras de Marinoni *o adequado funcionamento da via de atuação do direito é, antes de tudo, do Estado*, o que faz cair por terra a percepção de que o processo era uma "mera sequência destinada à aplicação judicial do direito material violado".

Assim, nessa nova concepção de processo, Marinoni[169] utilizou-se da teoria de Oskar Büllow a qual seria, segundo o primeiro, uma das mais importantes tentativas de explicar a natureza do processo, ficando conhecida como "teoria da relação jurídica processual", cuja importância foi a de sistematizar a existência de tal relação de direito público, que se forma entre as partes e o Estado, com um objetivo específico e atendo a determinados pressupostos e princípios que Büllow denomina de "disciplinadores".

Em sendo assim é de concluir-se que a *relação jurídica processual* comporta os sujeitos — juiz, autor e réu —, objeto — a prestação jurisdicional — e pressupostos —

---

[169] *Idem,* p. 390-392.

propositura da ação, capacidade para ser parte e investidura na jurisdição daquele a quem a ação é dirigida. Formou-se, assim, o processo, ou a *relação jurídica processual*.

Surge, a partir de então, por parte dos processualistas, uma profunda preocupação com a efetividade do processo como instrumento da tutela dos direitos.

Neste sentido, Kazuo Watanabe[170] assevera que atualmente os processualistas têm buscado um *instrumentalismo* que dê mais efetividade ao processo, com ênfase à problemática sociojurídica. Diz Watanabe que a pretensão é se fazer

> [...] dessas conquistas doutrinárias e de melhores resultados um sólido patamar para, com uma visão mais crítica e mais ampla da utilidade do processo, proceder ao melhor estudo dos institutos processuais [...] com a preocupação de fazer com que o processo tenha plena e total aderência à realidade sócio jurídica a que se destina, cumprindo sua primordial vocação que é a de servir de instrumento à efetiva realização dos direitos.

Assim, a teoria de Büllow, ao sistematizar a relação jurídica processual, segundo Marinoni[171]:

> Se é capaz de demonstrar o que acontece quanto o litigante vai em busca do juiz em face daquele que resiste à sua pretensão, encobre as intensões do Estado ou de quem exerce o poder, além de ignorar as necessidades das partes, assim como as situações de direito material e as diferentes realidades dos casos concretos.

E conclui:

> A pretensa neutralidade do conceito de relação jurídica processual certamente escamoteou a realidade concreta, permitindo a construção de uma ciência processual que se queria bastante ou supunha que poderia viver imersa em si mesma, sem olhar para a realidade de direito material e para a vida dos homens.

No Estado contemporâneo, todavia, não pode o processo ser simples relação entre as partes e o Estado/Juiz, através do qual este último *se desincumbe do seu dever de prestar tutela aos direitos*. Nesse novo Estado, Marinoni[172] defende a possibilidade de uma mais efetiva participação das partes na formação da decisão, garantindo-se, assim, *a legitimidade do exercício da jurisdição e a efetividade da participação das partes,* bem como a obrigatoriedade de garantir-se à parte o direito a um *procedimento adequado à tutela do direito material,* sendo necessária, a *legitimidade do procedimento diante dos direitos fundamentais,* para, ao final, construir a *legitimidade da sua própria decisão.*

---

(170) WATANABE, Kazuo. *Da cognição no processo civil.* 2. ed. atualizada. Campinas: Bookseller, 2000. p. 20-21.
(171) MARINONI. *Op. cit.,* p. 396-397.
(172) *Idem,* p. 399-400.

Conclui Marinoni:

> O processo não pode ser visto apenas como relação jurídica, mas sim como algo que tem fins de grande relevância para a democracia, e, por isso mesmo, deve ser legítimo. O processo deve legitimar — pela participação —, deve ser legítimo — adequado à tutela dos direitos e aos direitos fundamentais — e ainda produzir uma decisão legítima.[173]

Com base na teoria defendida por Marinoni, conclui-se pela nova construção do processo, no Estado Contemporâneo, através de uma tríplice legitimidade, o que aqui poderia denominar-se Legitimidade Trifacetária do Processo[174].

Será com base nessa legitimidade de face triangular que que o juiz *intérprete/aplicador*, utilizando-se da hermenêutica, poderá garantir a legitimidade da jurisdição, através de uma participação efetiva das partes no processo, de uma maior adequação da tutela aos direitos fundamentais, capaz, assim, de produzir uma sentença legítima e justa.

Essa função aplicadora e interpretadora do juiz é uma função de *criação judicial do Direito*, segundo leciona Inocêncio Mártires Coelho[175]:

> Diversamente do ativismo judicial, que desrespeita esses limites, a *criação judicial do Direito* seria o *exercício regular* do poder-dever, que incumbe aos juízes, de transformar o direito legislado em direito interpretado/aplicado, caminhando do geral e abstrato da lei ao singular e concreto da prestação jurisdicional, a fim de realizar a justiça em sentido material, que outra coisa não é senão *dar a cada um o que é seu*, tratando igualmente os iguais e desigualmente dos desiguais, na medida da sua desigualdade."

Aqui, a importância da Hermenêutica Gadameriana, já tratada no presente estudo, quando dito, no capítulo destinado ao tema, que a tarefa de buscar o

---

(173) *Idem*, p. 401.
(174) Na Introdução ao texto denominado O PROCESSO CIVIL NO ESTADO DEMOCRÁTICO DE DIREITO E A RELEITURA DAS GARANTIAS CONSTITUCIONAIS: ENTRE A PASSIVIDADE E O PROTAGONISMO JUDICIAL, (ISSN Eletrônico 2175-0491) Angela Araujo da Silveira Espindola e Igor Raatz dos Santos lecionam que "O processo civil como produto da cultura reflete diversos elementos como os costumes religiosos, os princípios éticos e os hábitos sociais e políticos que marcam a sociedade. Nessa linha, uma maneira bastante profícua de visualizar o processo civil é enxergá-lo a partir da função desempenhada pelo Estado em um dado contexto histórico e social, uma vez que as ideias dominantes sobre o papel do Estado afiguram-se aptas a influenciar as próprias concepções dos escopos da justiça, as quais, por conseguinte, são relevantes para a escolha das mais variadas soluções processuais. Essa forma de compreender o fenômeno processual permite tanto verificar as razões históricas e culturais que fizeram com que o juiz, no Estado Liberal Clássico, assumisse um papel passivo na condução do processo e subordinado ao legislador na tomada das decisões, quanto questionar o papel do juiz e das partes, bem como a conformação do processo civil, no Estado Democrático de Direito".
(175) COELHO, Inocêncio Mártires. *Ativismo judicial ou criação judicial do direito?* As novas faces do ativismo judicial — Organizadores: André Luiz Fernandes Fellet, Daniel Giotti de Paula e Marcelo Novelino. Salvador/BA: JusPODIVM, 2011. p. 482.

direito e o juízo correto implica, independentemente de toda codificação, a tensão entre a universalidade da legislação vigente — codificada ou não — e a particularidade do caso concreto. Neste sentido, torna-se evidente que o caso concreto de uma questão jurídica não é um enunciado teórico, mas um resolver coisas com palavras e que a aplicação da lei pressupõe sempre uma interpretação correta. Por essa razão, toda e qualquer aplicação de uma lei deve e de fato ultrapassa a mera compreensão de seu sentido jurídico e cria, por conseguinte, uma nova realidade. A aplicação da lei a um determinado caso particular implica sempre um ato interpretativo através do qual a aplicação de dispositivos legais, que aparece como sendo correta, concretiza e aprimora o sentido de uma lei.

É a liberdade que o juiz *intérprete/aplicador* tem para decidir sobre o caso concreto, liberdade, todavia, segundo Mártires Coelho[176] *responsável e autocontrolada, pois não lhe é dado introduzir na lei o que deseja extrair dela e tampouco aproveitar-se da abertura semântica dos textos para neles inserir, fraudulentamente, conteúdos que, de antemão, ele sabe serem incompatíveis com esses enunciados normativos.*

E conclui Mártires Coelho que:

> Nesse sentido é o ensinamento de Gadamer, a nos dizer que uma consciência formada *hermeneuticamente* tem que se mostrar receptiva, desde o começo, à *alteridade* do texto, sem que isso signifique neutralidade ou autodestruição diante dele; que uma verdadeira compreensão exige confronto/interação entre as verdades do intérprete e as verdades do texto; e que, enfim uma coisa é respeitarmos a alteridade/transcendência do texto e outra, bem diversa, é adotarmos uma postura de "objetividade eunuca", que a tanto equivale nos postarmos, passivamente, diante dele sem lhe provocar com alguma pergunta.

Eis aqui a função criadora do Direito a ser realizada pelo do juiz *intérprete/aplicador*, o qual, segundo Mauro Capelletti[177]

> Os principais criadores do direito [...] podem ser, e frequentemente são, os juízes, pois representam a voz final da autoridade. Toda vez que interpretam um contrato, uma relação real [...] ou as garantias do processo e da liberdade, emitem necessariamente no ordenamento jurídico partículas dum sistema de filosofia social; com essas interpretações, de fundamental importância, emprestam direção a toda atividade de criação do direito. As decisões dos tribunais sobre questões econômicas e sociais dependem da sua filosofia econômica e social, motivo pelo qual o progresso pacífico do nosso povo, no curso do século XX, dependerá em larga medida de

---

(176) COELHO, Inocêncio Mártires. *Op. cit.*, p. 483.
(177) CAPPELLETTI, Mauro. *Juízes legisladores?* Porto Alegre: Sérgio Antônio Fabris Editor. 1993/Reimpressão 1999. p. 5.

que os juízes saibam fazer-se portadores duma moderna filosofia econômica e social, antes que de superada filosofia, por si mesma produto de condições econômicas superadas.

Para que isso venha a ocorrer, faz-se necessário que o juiz se utilize dos princípios do processo consubstanciados na Constituição Federal, em especial, os princípios da boa-fé, do devido processo legal, do contraditório e da ampla defesa, da isonomia, da inafastabilidade do controle jurisdicional, ou do direito de ação, além do princípio do juiz e do promotor natural.

Fredie Didier Jr.[178] dá a esse instrumento a denominação de *Processo Cooperativo*. Para Didier Jr., os princípios da boa-fé, do devido processo legal e do contraditório alicerçam o surgimento do *processo cooperativo*, o qual caracteriza-se:

> [...] pelo redimensionamento do *princípio do contraditório,* com a inclusão do órgão jurisdicional no rol dos sujeitos do diálogo processual, e não mais como um mero espectador do *duelo* das partes. O contraditório volta a ser valorizado como instrumento indispensável ao aprimoramento da decisão judicial, e não apenas como uma regra formal que deveria ser observada para que a decisão seja válida.

> A condução do processo deixa de ser *determinada* pela vontade das partes (marca do processo liberal dispositivo). Também não se pode afirmar que há uma condução inquisitorial do processo pelo órgão jurisdicional, em posição *assimétrica* em relação às partes. Busca-se uma condução *cooperativa* do processo sem destaques a algum dos sujeitos processuais.

É essa cooperação que delimita deveres, condutas e direitos tanto para as partes como para o órgão jurisdicional, este, segundo Didier Jr.[179], assume "dupla posição". *"Mostra-se paritário na condução do processo, no diálogo processual",* e *"assimétrico"*[180] *no momento da decisão, não conduz o processo ignorando ou minimizando o papel das partes na "divisão do trabalho", mas, sim, em uma posição paritária, com diálogo e equilíbrio.*

Isto tudo, segundo Didier, até o momento da decisão, pois esta não comporta *paridade,* posto que tal encargo pertence ao juiz, não sendo incumbência das partes.

Segundo Nelson Nery Junior[181], existem inúmeros princípios com *sede constitucional* que circulam por todos os ramos do direito processual, seja no processo civil, penal, administrativo ou trabalhista.

---

(178) JR, Fredie Didier. Os três modelos de direito processual: inquisitivo, dispositivo e cooperativo. *Revista de Processo,* ano 36; v. 198. São Paulo, Revista dos Tribunais; agosto/2011. p. 218-219.
(179) *Idem,* p. 220.
(180) Assimetria, segundo Didier Jr. significa, apenas, *que o órgão jurisdicional tem uma função que lhe é própria e que é conteúdo de um poder, que lhe é exclusivo.* p. 220.
(181) JUNIOR, Nelson Nery. *Princípios do processo na Constituição Federal.* 1. ed., revista, atualizada e ampliada com as novas Súmulas do STF (simples e vinculantes) e com análise sobre a relativização da coisa julgada. São Paulo: Revista dos Tribunais, 2010. p. 98-99.

O primeiro deles, consubstanciado no art. 5º, *caput* e inciso I, da Constituição Federal de 1988, é o princípio da isonomia o qual estabelece a igualdade de todos perante a lei.

Assevera Nelson Nery Junior que, no que pertine ao processo civil, pode-se verificar que o princípio em comento significa que cabe ao juiz conceder tratamento idêntico aos litigantes, tendo a norma estabelecida pelo atual Código de Processo Civil, art. 1.251, sido integralmente recepcionada pelo texto constitucional, o que significa dizer, nas palavras daquele doutrinador, *dar tratamento isonômico às partes significa tratar igualmente os iguais e desigualmente os desiguais, na exata medida de suas desigualdades.*

O mesmo ocorreu com o Código de Defesa do Consumidor. Segundo Nelson Nery Junior[182], *O CDC 4º I reconhece o consumidor como a parte mais fraca na relação de consumo. Portanto, para que se tenha isonomia real entre o consumidor e o fornecedor, é preciso que sejam adotados mecanismos como o da inversão do ônus da prova, estatuído no CDC 6º VIII, como direito básico do consumidor.*

Outro princípio seria o do Juiz e do Promotor natural. Tal princípio inserido no texto do art. 5º, incisos XXXVII e LIII, da atual Constituição Federal estabelece que *não haverá juízo ou tribunal de exceção* e que *ninguém será processado nem sentenciado senão pela autoridade competente*.

De acordo com Nelson Nery Junior[183]

> A garantia do juiz natural é tridimensional. Significa que: 1) não haverá juízo ou tribunal *ad hoc*, isto é, tribunal de exceção; 2) todos têm o direito de se submeter a julgamento (civil ou penal) por juiz competente, pré--constituído na forma da lei; 3) o juiz competente tem de ser imparcial. [...] O princípio do juiz natural aplica-se indistintamente ao processo civil, ao penal e ao administrativo. A cláusula constitucional brasileira 'ninguém será processado nem sentenciado senão pela autoridade competente' (CF 5º LIII) não distingue o tipo de processo que é abrangido pela garantia. [...] Costuma-se salientar que o princípio do juiz natural se traduz no seguinte conteúdo: a) a exigência de *determinabilidade,* consiste na prévia individualização dos juízes por meio de leis gerais, isto é, a *pré-constituição* do direito italiano (Const. Ital. 25); b) garantia de *justiça material* (independência e imparcialidade dos juízes); c) *fixação da competência,* vale dizer, o estabelecimento de critérios objetivos para a determinação da competência dos juízes; d) observância das determinações de procedimentos referentes à *divisão funcional interna*, tal como ocorre com o *Geschäftsverteilungsplan*[184] do direito alemão.

---

(182) *Idem*, p. 99.
(183) *Idem*, p. 130, 135-136.
(184) *Geschäftsverteilungsplan,* segundo Nelson Nery Junior. *Op. cit.,* p. 136, significa *Plano de Divisão de Funções*, realizado em absoluta obediência ao princípio do juiz natural (*gesetzlicher Richter)*, sendo a concretização efetiva deste.

Um terceiro princípio de estatura constitucional abraçado pelo direito processual é o denominado Princípio da inafastabilidade do controle jurisdicional, ou Princípio do direito de ação, restando informado no texto do art. 5º, inciso XXXV, da CF/88 que estabelece, em síntese, que a lei não excluirá da apreciação do Poder Judiciário qualquer tipo de lesão ou de ameaça a direito.

Para Nelson Nery Junior[185], *embora o destinatário principal desta norma seja o legislador, o comando constitucional atinge a todos indistintamente, vale dizer, não pode o legislador nem ninguém mais impedir que o jurisdicionado vá a juízo deduzir pretensão.*

No âmbito do processo do trabalho, com o argumento de reduzir-se o número de demandas trabalhistas, criaram-se, através da Lei n. 9.958, de 12.1.2000, as Comissões de Conciliação Prévia.

O art. 625 — D, da CLT, determina, em síntese, que qualquer demanda de natureza trabalhista será submetida à Comissão de Conciliação Prévia, se esta houver sido instituída na localidade da prestação de serviços.

A determinação contida no mencionado dispositivo legal — *será submetida à Comissão de Conciliação Prévia* — caracteriza-se como afronta ao Princípio da inafastabilidade do controle jurisdicional, também denominado de Princípio do direito de ação, pois impede o trabalhador, ou mesmo o empregador, de recorrer ao poder judiciário e ver sua demanda solucionada através da prestação jurisdicional do Estado.

Tal discussão foi objeto de discussão no Supremo Tribunal Federal, através da ADI 2.139-MC e ADI 2.160-MC, voto do Rel. p/o ac. Min. Marco Aurélio, julgamento em 13.5.2009, Plenário, *DJE* de 23.10.2009[186].

---

(185) *Idem*, p. 174.
(186) Retirado do site: <www.stf.jus.br> em data de 18 de abril de 2012, assim restou decidida a questão pelo Supremo Tribunal Federal: "No inciso XXXV do art. 5º, previu-se que 'a lei não excluirá da apreciação do Poder Judiciário lesão ou ameaça a direito'. Poder-se-ia partir para a distinção, colocando--se, em planos diversos, a exclusão propriamente dita e a condição de esgotar-se, antes do ingresso em juízo, uma determinada fase. Todavia, a interpretação sistemática da Lei Fundamental direciona a ter--se o preceito com outro alcance, o que é reforçado pelo dado histórico, ante a disciplina pretérita. O próprio legislador constituinte de 1988 limitou a condição de ter-se o exaurimento da fase administrativa, para chegar-se à formalização de pleito no Judiciário. Fê-lo no tocante ao desporto, [...] no § 1º do art. 217 [...]. Vale dizer que, sob o ângulo constitucional, o livre acesso ao Judiciário sofre uma mitigação e, aí, consubstanciando o preceito respectivo exceção, cabe tão só o empréstimo de interpretação estrita. Destarte, a necessidade de esgotamento da fase administrativa está jungida ao desporto e, mesmo assim, tratando-se de controvérsia a envolver disciplina e competições, sendo que a chamada justiça desportiva há de atuar dentro do prazo máximo de sessenta dias, contados da formalização do processo, proferindo, então, decisão final — § 2º do art. 217 da CF. Também tem-se aberta exceção ao princípio do livre acesso no campo das questões trabalhistas. Entrementes, a norma que versa sobre o tema está limitada aos chamados dissídios coletivos, às ações coletivas, no que se previu, no § 2º do art. 114 da CF [...]. Constata-se, no entanto, que não se chegou a exigir, em si, a tentativa de solução da pendência, contentando-se a norma com a simples recusa de participação em negociação ou envolvimento em arbitragem. [...] Os dispositivos atacados não chegam, de forma clara, precisa, direta, a revelar o

O conteúdo do princípio ora em comento reflete, em última análise, outro princípio de estatura constitucional, o do acesso à justiça, de fundamental importância para o Estado Democrático de Direito.

Não menos importantes são os princípios do contraditório e da ampla defesa, expressos na Constituição Federal de 1988, mais especificamente no inciso LV, do art. 5º, que dispõe que *aos litigantes, em processo judicial ou administrativo, e aos acusados em geral são assegurados o contraditório e a ampla defesa, com os meios e recursos a ela inerentes.*

Após expor suas considerações sobre os princípios do contraditório e da ampla defesa, dizendo tratarem-se *fundamentalmente em manifestação do princípio do estado de direito*, tendo *íntima ligação com o da igualdade das partes e o do direito de ação*, Nelson Nery refere-se ao direito à prova como *manifestação do contraditório no processo,* impondo, neste ponto, uma correta leitura do papel do juiz na condução do processo. Diz Nelson Nery Junior[187]:

> O direito à prova, manifestação do contraditório no processo, significa que as partes têm o direito de realizar a prova de suas alegações, bem como de fazer contraprova do que tiver sido alegado pela parte contrária. O destinatário da prova é o *processo* e não o juiz, de modo que não se pode indeferir a realização de determinada prova sob o fundamento de que o julgador já se encontra convencido da existência do fato probando ou da própria questão incidental ou de mérito posta em causa. Caso a) não haja nos autos prova da existência do fato, b) for ele controvertido e, ainda c) a parte insistir na realização da prova, a parte tem direito à realização da prova, vedado ao juiz dispensá-la. Na hipótese de o juiz, nestas circunstâncias, indeferir a prova, haverá cerceamento de defesa, com a nulidade da decisão e dos atos processuais que se lhe seguirem.

Diante da questão ora suscitada, qual seja, que a prova destina-se ao processo e não ao juiz, conclui-se que este, o juiz, é quem está para servir ao processo e não este àquele.

Agindo desta forma, servindo ao processo, o juiz estará procedendo com a imparcialidade que dele se espera, estará conduzindo o processo em absoluta

---

obrigatório esgotamento da fase administrativa. É certo, versam sobre a atividade a ser desenvolvida pela 'Comissão de Conciliação Prévia', aludindo, até mesmo, à juntada do documento que venha a ser elaborado, no caso de insucesso na tentativa de 'conciliação', à petição inicial da ação trabalhista. Dispensável é esforço maior para atribuir-se ao que se contém no novo art. 625-D interpretação conforme o texto constitucional. Faço-o para assentar que as normas inseridas em nossa ordem jurídica pelo art. 1º da Lei n. 9.958/2000, mais precisamente pelo novo preceito da Consolidação das Leis do Trabalho, dele decorrente — art. 625-D —, não encerram obrigatória a fase administrativa, continuando os titulares de direito substancial a terem o acesso imediato ao Judiciário, desprezando a fase que é a revelada pela atuação da 'Comissão de Conciliação Prévia'." (ADI 2.139-MC e ADI 2.160-MC, voto do Rel. p/ o ac. Min. Marco Aurélio, julgamento em 13.5.2009, Plenário, DJE de 23.10.2009.)
(187) JUNIOR, Nelson Nery. *Op. cit.,* p. 211-212.

consonância com os princípios do contraditório e da ampla defesa de forma isonômica e estará caminhando para além de um processo cooperativo, mas na direção de um processo justo.

4.5. O juiz como agente de preservação intransigente das garantias constitucionais no processo

O juiz que a sociedade espera conhecer não é mais o juiz Júpiter, Hércules ou Hermes descritos por François Ost[188], mas um juiz que guarde uma relação com os *valores sociais*[189] de uma sociedade. Esta é a nova função da magistratura.

Em que consiste esta função? O juiz deve substituir-se à autoridade vacilante para autorizar uma intervenção nos assuntos privados de um cidadão. O que é novo é a vacilação das mediações intermediárias; a ação exercida sobre o interessado é muito vulgar: ela nada tem, propriamente falando, de jurídico. Ela consiste em assistir uma família na gestão da sua fortuna ou mais frequentemente no seu infortúnio, a ensinar aos pais a acompanharem os seus filhos, a ajudar uma pessoa a governar a si mesma na vida social, a procurar um emprego, em resumo, ela profissionaliza aquilo que antes era regrado pela *vida social vulgar*[190].

Este novo campo é tanto mais difícil de apreender quanto o direito técnico é de pouco auxílio, o juiz manipula tanto os efeitos que os conceitos se arriscam a confundirem o seu papel com o do terapeuta ou do amigo. *Na falta de direito positivo, que regras de juízo*[191] *devem orientar a decisão do juiz? Juízes e intervenientes médico-sociais não devem partilhar uma mesma concepção do sujeito de direito? Todos estão desorientados por uma tal tarefa.*

A transposição dos problemas humanos e sociais em termos jurídicos não deixa de lesar o laço social. Aquilo que era regrado espontânea e implicitamente pelos costumes deve hoje sê-lo formal e explicitamente pelo juiz. Por isso esta judicialização das relações sociais. Para justificar, por sua vez, toda a intervenção, a justiça deve lançar-se num processo infinito de enunciação da norma social. O direito pela voz do juiz envolve-se num trabalho de nomeação e de explicação das normas sociais que transforma em obrigações positivas aquilo que era ainda ontem da ordem do implícito, do espontâneo, da obrigação social. A lei pede ao juiz de

---

(188) OST, François. *Júpiter, Hércules e Hermes:* três modelos de Juez. Tradução: Isabel Lifante Vidal.
(189) Mauro Cappelletti, em *Juízes irresponsáveis?* Tradução Carlos Alberto Álvaro de Oliveira. Porto Alegre: Sérgio Antônio Fabris Editor, 1989. p. 16, assevera que "É de resto um dado de fato que a responsabilidade em geral, e a responsabilidade judicial em particular, constituem conceitos carregados de implicações valorativas; eles 'refletem uma determinada relação do sujeito (e do juiz em particular) com os valores sociais (5). E, obviamente, os valores sociais não são os mesmos em todas as sociedades: mudam de tempo para tempo e de lugar para lugar".
(190) MARINONI, Luiz Guilherme. *Op. cit.*, p. 159-160.
(191) *Idem,* p. 160.

menores para intervir quando a saúde, a segurança e a moralidade de um menor estão em perigo. O critério de interpretação da lei é relativamente claro no que diz respeito à saúde física, mas e a respeito da saúde mental? O juiz é surpreendido porque uma mãe veste o seu pequeno filho com saias e dirige-se a ele no feminino. Em que código está escrito o modo de vestir os seus filhos e de falar com eles? O direito, supostamente para libertar os laços ilegítimos e artificiais que impedem o sujeito de ser ele mesmo, traduz-se por uma influência crescente da justiça naquilo que outrora era considerado como resultado dos costumes, da civilidade. Alguns viram aí uma estratégia do Estado para melhor controlar os cidadãos. *À força de tudo invadir, o direito arrisca-se a matar a civilidade. Por isso, talvez, este entusiasmo pelos tribunais ou por todas as outras soluções informais para reanimar — mas tardiamente — a socialidade defunta*[192].

A justiça — e consequentemente o juiz — são convocados para apaziguar este mal-estar do indivíduo moderno em sofrimento. Para lhe responder inteligentemente, ele deve cumprir uma nova função que se desenvolveu ao longo de todo o século passado, e a que se pode chamar *magistratura do sujeito*[193]. As sociedades modernas geram, com efeito, uma necessidade de justiça quantitativa e qualitativamente inédita. Trata-se simultaneamente de uma necessidade de massa e de uma necessidade massiva. A justiça deve não somente multiplicar as suas intervenções — o que é já em si um desafio —, mas também ela é objeto de novas solicitações. Quer sejam submetidas a questões morais perigosas, como aquelas relativas à bioética ou à eutanásia, ou lhe hajam pedidos para atenuar a ruína de um laço social debilitado nos indivíduos excluídos, *ela é intimada a fazer justiça numa democracia simultaneamente inquieta e desencantada*.

Aqui se faz necessário mencionar uma Decisão Judicial proferida por este Magistrado, ainda na qualidade de Juiz Substituto, em momento da história em que não havia no ordenamento jurídico, nem mesmo na jurisprudência especializada, qualquer fundamento para garantir-se ao portador do vírus HIV a estabilidade provisória[194].

---

(192) *Idem*, p. 160-161.
(193) GARAPON, Antoine. *Op. cit.*, p. 147.
(194) A mencionada decisão foi proferida nos autos do **PROCESSO N.: 0627/2002-009-11-00, RECLAMANTE: MANOEL MARQUES LEITE. RECLAMADA: WALDOMIRO P. LUSTOZA & CIA. LTDA. Data de autuação: 7.3.2002,** em data de 14 de junho de 2002, por este Magistrado, na qualidade de Juiz Substituto da MMª 9ª Vara do Trabalho de Manaus.
O reclamante **MANOEL MARQUES LEITE,** ajuizou reclamação trabalhista contra a reclamada **WALDOMIRO P. LUSTOZA & CIA. LTDA.,** pleiteando sua reintegração no emprego, bem como o pagamento de todos os institutos trabalhistas pelo período da alegada estabilidade e, ainda, o pagamento de indenização por danos morais, por ter sido dispensado em virtude de ser portador do vírus HIV. Após a instrução processual, assim foi decidido:
"**FUNDAMENTAÇÃO:** *Do pedido de reintegração decorrente de estabilidade provisória e indenização por danos morais* Pleiteou o reclamante sua reintegração no emprego, ao argumento de que é detentor de estabilidade provisória, por ser portador da Síndrome da Imunodeficiência Adquirida

Sentença proferida no ano de 2002, confirmada pelo Egrégio Tribunal Regional do Trabalho da 11ª Região e ratificada pelo Colendo Tribunal Superior do Trabalho, seguiu para a fase de execução.

— SIDA. Inúmeros foram os exames médicos realizados pelo reclamante junto ao Órgão da Previdência Social, visando ao benefício do auxílio doença, tendo o autor passado a receber o mencionado benefício a partir de 27.3.2001, conforme se constata através do documento de fls. 68 dos autos, muito embora, tenha informado o INSS, através dos diversos laudos periciais carreados aos autos, que os problemas de saúde do reclamante, dentre os quais o de perda auditiva, não guardam referência às atividades por ele exercidas, mas, única e tão-somente, pelo fato de ter adquirido a doença. Desnecessárias, no meu entender, tantas diligências ao INSS, tendo em vista que as consequências da patologia restaram evidentes. O argumento da empresa de que não tinha conhecimento do fato de o reclamante ser portador do Vírus HIV, porque não teria ele apresentado qualquer documento ou atestado médico que evidenciasse sua situação, no meu entender, não há que prosperar, tendo em vista que o próprio INSS atestou, em data de 13.10.97, ser o reclamante Soropositivo e, após essa confirmação, inúmeros atestados médicos e declarações carreados aos autos, autorizavam o reclamante a se submeter a tratamentos de saúde — documentos de fls. 15-27 e 71-84, em decorrência da patologia por ele adquirida. Mesmo que tais fundamentos não fossem suficientes, havendo dúvida se teria ou não a reclamada conhecimento do estado de saúde do obreiro, a ele beneficiaria, pois vigora, ainda, no direito laboral, o princípio do *in dubio pro misero*, o qual, neste momento invoco em benefício do obreiro. É certo, também, que inexiste no ordenamento jurídico qualquer previsão para que se garanta ao portador do vírus HIV estabilidade no emprego. Porém, esse entendimento ultrapassa todo e qualquer limite estabelecido em lei, é muito maior, é o direito à vida e à dignidade humanas. Garantir-se o emprego ao portador do Vírus da Aids é reconhecê-lo como verdadeiro cidadão, capaz de viver, trabalhar e sustentar sua família, direitos esses estabelecidos pela própria Constituição Federal em seus art. 1º, inciso III e IV e 5º, que determinam, em síntese, que o Estado Democrático de Direito tem como fundamentos, a dignidade da pessoa humana, o direito ao trabalho e a erradicação da pobreza e da marginalização, bem como a redução das desigualdades sociais, e para isso, todos os cidadãos devem ser considerados iguais perante a lei, sem distinção de qualquer natureza, garantindo-se a todos os brasileiros e estrangeiros residentes no País, a inviolabilidade do direito à vida, à liberdade, à igualdade, à segurança e à propriedade. A mesma Constituição Federal, em seu art. 5º inciso XLI impõe punição a qualquer tipo de discriminação atentatória dos direitos e liberdades fundamentais. Vida para o trabalhador é sinônimo de trabalho, propriedade, de salário e liberdade representa respeito aos seus semelhantes. Mais do que uma questão de direito, reconhecer-se e garantir-se ao soropositivo o direito ao trabalho é um dever cristão, dever que inspirou o legislador quando da elaboração de nossa lei maior. Foi invocando a proteção de Deus que essa lei, pela qual se rege a sociedade brasileira, foi promulgada, conforme se vê do preâmbulo assim construído: **"Nós, representantes do povo brasileiro, reunidos em Assembleia Nacional Constituinte para instituir um Estado democrático, destinado a assegurar o exercício dos direitos sociais e individuais, a liberdade, a segurança, o bem-estar, o desenvolvimento, a igualdade e a justiça como valores supremos de uma sociedade fraterna, pluralista e sem preconceitos, fundada na harmonia social e comprometida, na ordem interna e internacional, com a solução pacífica das controvérsias, promulgamos, *sob a proteção de Deus*, a seguinte Constituição da República Federativa do Brasil."** Portanto, aos que entendem que os preceitos constitucionais acima mencionados, não são suficientes para o reconhecimento do direito do reclamante ao trabalho, invoco, assim como o legislador constituinte, a lei maior, A Lei de Deus, codificada no maior de todos os códigos conhecidos pelo homem — a Bíblia Sagrada. Ao falar de justiça e vida, invoco os Provérbios 12, 28: "Na vereda da Justiça está a vida." Ao trabalhador que recorre a esta casa de Justiça, nos ensina o Salmo 82,3: "Fazei justiça ao fraco e ao órfão", lê-se em Mateus 25,1: "tive fome e me destes de comer...estive doente e me visitastes" e, por fim, na Parábola do Bom Samaritano, escrita no Livro de Lucas, 10,33 encontra-se o ensinamento sobre aquele que acolheu ao sofredor. É aqui, na Justiça do Trabalho, que o reclamante veio buscar seu amparo, veio

Havia, naquela relação jurídico-processual, uma profunda desigualdade entre as partes. De um lado o ex-empregado, portador da Síndrome da Imunodeficiência Adquirida — SIDA, de outro a empresa, respaldada na absoluta falta de amparo legal ou mesmo jurisdicional, quanto ao pedido do reclamante, em atitude claramente discriminatória. Indaga-se: seria justo homologar qualquer tipo de acordo após o trânsito em julgado daquela decisão? Tal acordo, que poria fim ao processo, representaria a realização de justiça? O acordo restabeleceria o *equilíbrio social?*

A igualdade de condições perturba profundamente o equilíbrio social. A manifestação até ao seu termo deste dogma social fragiliza o laço social, paralisa toda a influência natural sobre outrem e, portanto, agudiza os conflitos. Ela destitui toda a autoridade tradicional, perturba a organização espontânea da sociedade e mina o ordenamento hierarquizado que, ao atribuir um lugar a cada um, limitava as hipóteses de conflito. A sociedade democrática desfaz o laço social e refá-lo artificialmente. Ela está condenada a fabricar aquilo que antes era dado pela tradição, pela religião ou pelos costumes. Está obrigada a *inventar*[195] a autoridade e, não o conseguindo, a se remeter ao juiz. Mas isto não é precipitar-se na água para não ser molhado? Esta procura de justiça é paradoxal: sob o pretexto de se proteger da intervenção ilegítima de outrem, ela oferece-se ao controle do juiz. O indivíduo liberta-se da tutela dos seus magistrados naturais precipitando-se na tutela dos juízes estatais. A liberdade arrisca-se ao aumento do controle do juiz, à interiorização do direito e à tutelarização de alguns sujeitos.

Este é, portanto, o novo papel do juiz e os desafios a serem enfrentados na aplicação correta do direito — não especificamente do texto da lei — visando à busca incessante da justiça.

A resposta aos questionamentos anteriormente formulados é NÃO. Um acordo sobre a mencionada decisão NÃO seria justo, NÃO garantiria justiça ao

---

buscar ajuda, veio clamar por justiça. Portanto, diante de todos os fatos e fundamentos cristãos e legais acima elencados, reconheço o direito do reclamante ao emprego e, por essa razão, defiro o pedido de reintegração por ele formulado, no mesmo cargo anteriormente exercido, com direito aos salários desde a data de sua demissão, 20.9.2000, nos exatos valores pleiteados na inicial. Quanto ao pedido de indenização por danos morais, reconheço que a atitude da reclamada, ao dispensar o reclamante, quando este já se encontrava há vários anos em tratamento pela infecção por ele adquirida, conforme comprovam os atestados médicos e declarações carreadas aos autos, deve ser entendida como discriminatória, não havendo nos autos qualquer elemento que indique que a empresa não tinha conhecimento do problema de saúde do obreiro. Portanto, diante do que dispõem os art. 159 e 1.553 do Código Civil Brasileiro, bem como o art. 5º, inciso XLI da Constituição Federal, defiro o pedido de indenização por danos morais que ora fixo no exato valor pleiteado, eis que os cálculos foram elaborados com base no valor do salário do reclamante pelo tempo de serviço que ainda lhe resta. Tal decisão para alguns pode não ser jurídica, porém, para este Magistrado é humana e justa." A decisão, portanto foi no sentido da total procedência do pedido, objeto da reclamação, com a consequente condenação da reclamada ao pagamento de todas as verbas pleiteadas, inclusive a indenização por danos morais, nos exatos valores pleiteados na inicial.
(195) *Idem,* p. 148.

reclamante e a toda a sociedade, que viu mais tarde a jurisprudência caminhar no sentido de garantir ao portador do vírus HIV a estabilidade no emprego, contra a despedida arbitrária ou sem justa causa. Por fim, NÃO restabeleceria o equilíbrio social.

Não basta pôr fim ao processo a qualquer termo. A função jurisdicional exclusiva do Estado é, sempre foi e sempre deverá ser, entregar a justiça à sociedade. Não é demais lembrar que a Constituição Federal de 1988 apregoa como garantia fundamental a dignidade da pessoa humana.

O que deseja a sociedade brasileira, entende-se, é uma *Magistratura como Instrumento de Transformação Social*[196]. Para isso, propõe Andrade:

> É necessário, assim, refazer a magistratura, libertando-a dessa *esclerose* em que se encontra e incutir-lhe maior dinamicidade, vivificação e sentimento de realidade na busca constante do equilíbrio magistrado--sociedade-justiça. Se despertarem será possível aos magistrados sair de trás das citações, assumir suas decisões, cavalgar em busca de uma justiça com sentido social. Poderão, então, intervir na ordem da sociedade, na distribuição de poder, equilibrando-o, estendendo-o àqueles que não o possuem. [...] Deseja-se, portanto, um novo magistrado, desmitificado, comprometido com a sociedade civil, judicando com paixão, empenhado na busca da mínima possibilidade de felicidade. 'Em suma, o juiz tem de deixar de ser um pouco príncipe e ser um pouco mais cidadão' e para isso temos de aceitar que o sabor do saber está no desejo de mudar a vida: uma procura permanente da nova palavra.[197]

Mas não é suficiente apenas essa nova *conscientização do julgador*, é necessário, segundo Andrade, transformar o Poder Judiciário de dominador e opressor em um Poder Judiciário *Libertador*, onde o juiz, seja ele qual for, *possa fazer da judicatura uma atividade transformadora, agente histórico em prol da comunidade. Desta forma, todos os despachos, todas as decisões interlocutórias, todas as sentenças proferidas por um magistrado devem conter um compromisso ético com a moral e a justiça popular.*

Deve, ainda, o magistrado dispor de liberdade para decidir, não se encontrar subordinado aos demais Poderes constituídos. Deve o juiz percorrer as páginas do processo, em busca da decisão justa, com total liberdade de pensamento. Em outras palavras, deve-se sempre lutar por uma total independência do Poder Judiciário[198].

---

(196) ANDRADE, Lédio Rosa de. *Juiz alternativo e poder judiciário*. 2. ed. Florianópolis: Conceito Editorial, 2008. p. 93.
(197) *Idem*, p. 95-115.
(198) Sobre a questão da Independência do Judiciário, extrai-se dos **COMENTÁRIOS AOS PRINCÍPIOS DE BANGALORE DE CONDUTA JUDICIAL, os sete artigos que tratam sobre o tema:**

Mas antes de decidir, é necessário que o Magistrado conduza a Instrução Processual *cavalgando em direção à justiça*. Leciona Andrade, com muita propriedade, que:

> A instrução processual não pode continuar se autolegitimando. Necessário problematizar a questão, tornar públicas as deficiências em busca da verdade, as diferenças na relação processual entre os ditos sujeitos de direito. Não é conveniente cada processo ter sua própria história, necessário incluí-lo na história geral. As diferenças de classes, as contradições do sistema dominante devem ser incluídas nos autos processuais.
>
> Não se pode perder de vista, até mesmo, o fato de os tribunais superiores, ressalvados os casos de competência originária, julgarem os recursos com base na prova coletada pelo juiz de Direito. Por óbvio, a interpretação da prova nas segunda e terceira instâncias pode transfigurá-la, mas quanto mais ampla for a instrução, as possibilidades de êxito de um julgamento popular aumentam.
>
> Deseja-se não a deturpação ou falsificação da prova coletada, mas sim, sua ampliação, adentrando no âmago da redação processual, quase sempre encontrado nos conflitos sociais. Portanto devem os juízes, quando da instrução processual, abandonar o dogma o que não está nos autos não está no mundo a fim de trazer à discussão os problemas sociais. Não podem, os processos, ser instruídos, como vem sendo, de forma a-histórica.

"1. A independência do Judiciário deverá ser garantida pelo Estado e incorporada à Constituição e às leis do país. É dever de todos os governos e de outras instituições respeitar e observar a independência do Judiciário.
2. O Judiciário deverá decidir as questões com imparcialidade, baseado em fatos e de acordo com a lei, sem quaisquer restrições, influências indevidas, induções, pressões, ameaças ou interferências direta ou indireta de qualquer direção ou por qualquer razão.
3. O Judiciário terá jurisdição sobre todas as matérias de natureza jurídica e terá exclusiva autoridade para decidir se uma matéria submetida à sua decisão está dentro de sua competência legal.
4. Não haverá nenhuma interferência indevida ou injustificada no processo judicial nem serão as decisões judiciais proferidas pelas cortes objetos de revisão. Esse princípio não prejudica a revisão judicial ou a mitigação ou a comutação de sentenças impostas pelo Judiciário pelas autoridades competentes, de acordo com a lei.
5. Toda pessoa terá direito a ser julgada por cortes ordinárias ou tribunais, mediante o uso de procedimentos estabelecidos. Tribunais que não usem procedimentos devidamente estabelecidos não serão criados para deslocar a jurisdição pertencente às cortes ordinárias e aos tribunais judiciais.
6. O princípio da independência do Judiciário dá o direito e exige que o Judiciário assegure que os processos judiciais serão conduzidos imparcialmente e que os direitos das partes serão respeitados.
7. É dever de cada Estado Membro prover os recursos adequados para habilitar o Judiciário a desempenhar corretamente suas funções."

E conclui:

> Cabe ao magistrado alternativo, desde a instrução processual, alterar o cotidiano jurídico, deixando de ser agente aplicador das leis antipopulares para atuar, consolidando os textos legais de fundo social. A sentença judicial, momento de aplicação da norma geral ao caso concreto, é um poderoso instrumento de interferência nas relações sociais de poder. [...] o juiz pode ser um gerador de Direito, capaz de dar, por intermédio de suas decisões, um novo sentido à lei. Ao contrário do defendido pelo pensamento dogmático, a decisão judicial não é meramente declaratória, ou seja, não serve só para declarar o sentido da Lei. Não. Ao contrário, julgar significa criar.[199]

Diante dessa visão até aqui esposada, conclui-se que o processo justo tem de ser conduzido por um juiz apaixonado, preocupado com as relações sociais e que interprete a lei de forma criativa e responsável.

O Juiz Justo é aquele que confere todas as possibilidades para que as partes apresentem as provas que entendam necessárias, pois estas são destinadas ao processo e não ao julgador, cabendo a este, como já dito anteriormente, *servir ao processo* e, assim, propiciar para que os litigantes esgotem todas as suas possibilidades com vistas a alcançarem o direito que entendem lhes seja devido.

O Juiz Justo, portanto, responsável e atendo às questões sociais, inicialmente denominado *intérprete/aplicador,* doravante recebe mais uma função, passando à condição de um Juiz Servidor, pronto para prestar a jurisdição, de acordo com os princípios do processo consubstanciados na Constituição Federal, em especial, os princípios da boa-fé, do devido processo legal, do contraditório e da ampla defesa, da isonomia, da inafastabilidade do controle jurisdicional, ou do direito de ação, além do princípio do juiz e do promotor natural.

E quais seriam esses princípios processuais a embasar toda a atividade desse novo juiz?

Antes de adentrar-se no tema sobre os princípios que regem o processo civil brasileiro, deve-se, inicialmente, procurar compreender o que realmente são os princípios, o que eles alcançam e como devem ser aplicados.

Américo Plá Rodriguez[200] define princípios como *linhas e diretrizes que informam algumas normas e inspiram direta ou indiretamente uma série de soluções, pelo que podem servir para promover e embasar a aprovação de novas normas, orientar a interpretação das existentes e resolver os casos não previstos.*

---

(199) *Idem,* p. 121.
(200) RODRIGUEZ, Américo Plá. *Princípios de direito do trabalho.* 3. ed., atualizada, 2ª tiragem. São Paulo: LTr, 2002. p. 36.

Por tal definição, é possível compreender que os princípios são os caminhos, as diretrizes orientadoras das normas, podendo ser utilizados direta ou indiretamente para o alcance de soluções para os casos concretos; alcançam, por fim, a aprovação de outras tantas normas, devendo servir de orientação daquelas existentes, assim como poderão ser aplicados para resolver os casos ainda não previstos.

Dos ensinamentos de Américo Plá Rodriguez[201], conclui-se que os princípios são, portanto, *enunciados básicos que contemplam, abrangem e compreendem uma série indefinida de situações, sobre as quais pode ou não ter havido decisão, sendo algo mais geral que uma norma, tendo em vista que seu fim último tem por objetivo servir tal norma para inspirá-la, para entendê-la, para supri-la.*

Para a obtenção de um princípio, ainda em consonância como o pensamento de Plá Rodrigues, há que se submeter a um processo lógico que consiste em induzir uma solução mais geral da comparação de disposições particulares concordantes, para aplicar o princípio assim obtido a qualquer hipótese não abrangida por nenhuma previsão legal. Assim como foi feito pelo Magistrado na decisão acerca da estabilidade provisória do portador do vírus HIV, antes transcrita.

Há que se destacar que os princípios possuem eficácia jurídica, cujas modalidades, segundo Ana Paula de Barcelos[202], são: *a interpretativa, a negativa e a vedativa do retrocesso, sendo que esta última não se consolidou inteiramente na doutrina e na prática jurisprudencial.*

Ao contrário do que acontece com as regras, a eficácia interpretativa tem aplicação bastante ampla no caso específico dos princípios, tendo em vista a indeterminação de seus efeitos e da multiplicidade de situações às quais eles poderão ser aplicados.

Não há limites para o alcance dos princípios, haja vista que em uma sociedade multifacetada surgem a cada dia novos e novos conflitos, novas e novas pendências trazidas ao conhecimento do Poder Judiciário.

Quando se trata de princípios constitucionais, isso se torna ainda mais evidente, pois estarão associadas suas características de *norma-princípio* com a superioridade hierárquica própria da Constituição. Daí resulta que cada norma constitucional ou infraconstitucional deverá ser interpretada de modo a realizar o mais amplamente possível o princípio que rege a matéria.

Há ainda a eficácia negativa que exige mais elaboração quando se trata dos princípios, tendo em vista a força de seus efeitos. No caso, *a eficácia negativa*

---

(201) RODRIGUEZ, Américo Plá. *Op. cit.*, p. 36-38.
(202) BARCELLOS, Ana Paula de. *Eficácia jurídica dos princípios constitucionais* — princípio da dignidade da pessoa humana. Rio de Janeiro — São Paulo: Renovar, 2002. p. 80.

funciona como uma barreira de contenção, impedindo que sejam praticados atos ou editadas normas que se oponham aos propósitos dos princípios.

Já a vedação do retrocesso, desenvolveu-se principalmente levando em consideração os princípios constitucionais e, em particular, aqueles que estabelecem fins materiais relacionados aos direitos fundamentais, para cuja consecução é *necessária a edição de normas infraconstitucionais. Sua finalidade é evitar que o legislador vá tirando as tábuas e vá destruindo o caminho porventura já existente, sem criar qualquer alternativa ao objetivo em questão.*[203]

E quais as funções dos princípios?

Américo Plá Rodriguez[204], sob os ensinamentos de Federico de Castro —, enumera três funções essenciais pertinentes aos princípios, quais sejam: *informadora*, através da qual os princípios inspiram o legislador, servindo de fundamento para a elaboração do ordenamento jurídico; *normativa*, isto é, os princípios atuam como fonte supletiva, no caso de ausência de lei, sendo meios de integração de direito e, por fim, *interpretativa*, tendo em vista que os princípios operam como critério orientador do juiz ou do intérprete.

Diz Humberto Ávila[205], em sua obra *Teoria dos Princípios — da definição à aplicação dos princípios jurídicos*:

> Para Josef Esser, princípios são aquelas normas que estabelecem fundamentos para que determinado mandamento seja encontrado. Mais do que uma distinção baseada no grau de abstração da prescrição normativa, a diferença entre princípios e as regras seria uma distinção qualitativa. O critério distintivo dos princípios em relação às regras seria, portanto, a função de fundamento normativo para a tomada de decisão. Seguindo o mesmo caminho, Karl Larenz define os princípios como normas de grande relevância para o ordenamento jurídico, na medida em que estabelecem fundamentos normativos para a interpretação e aplicação do Direito, deles decorrendo, direta ou indiretamente, normas de comportamento.

Tem-se, portanto, que os princípios formam pensamentos diretivos de uma regulação jurídica existente ou possível, mas que ainda não se tornaram regras

---

(203) Afirma Ana Paula de Barcellos que tanto a eficácia interpretativa, como a negativa e a vedativa do retrocesso, só dispõem de meios para impedir que o princípio seja violado quando confrontadas com alguma espécie de ação, normalmente estatal; seja uma outra norma ou ato administrativo que deverá ser interpretado de acordo com o princípio constitucional, seja o ato ou a norma regulamentadora do princípio constitucional que primeiro terá que existir para que, em seguida, se considere inconstitucional sua revogação. Caso nenhuma manifestação comissiva se apresente, será impossível desencadear o mecanismo de quaisquer das três modalidades de eficácia jurídica.
(204) RODRIGUEZ, Américo Plá. *Op. cit.*, p. 43-44.
(205) ÁVILA, Humberto. *Op. cit.*, p. 27.

suscetíveis de aplicação, na medida em que lhes falta o caráter formal de proposições jurídicas. Os princípios, na verdade, indicam a direção a ser seguida, o caminho a ser percorrido na busca da norma mais aplicável ao caso concreto, sendo, pois, um primeiro passo direcionador de outros, para a obtenção da regra.

Há que se ressaltar que os princípios se apresentam como diretrizes eficazes que expressam as exigências contidas no corpo da sociedade, ou, melhor dizendo, derivam da consciência social de certos valores históricos, morais e sociais. Na esteira do que hoje se tem dito e formulado sobre o Processo de acordo com os Princípios Constitucionais, não há falar, pois, em Direito Processual sem que se deva levar em consideração todos os anseios da sociedade, como respeito e dignidade ao jurisdicionado, alicerçados, especialmente no Princípio da Dignidade da Pessoa Humana.

E aqui repousa a importância da hermenêutica para o presente estudo: como deve o juiz aplicar a melhor solução ao caso?

Como dito no Capítulo do presente Estudo, destinado à Hermenêutica, *a tarefa da interpretação consiste em concretizar a lei em cada caso, ou seja, é a tarefa da aplicação. E esta tarefa está afeita ao juiz que, como qualquer outro membro da comunidade jurídica, também está sujeito à lei. A sentença do juiz não pode conter arbitrariedades, mas uma "ponderação justa do conjunto". Aquele que se aprofunde na compreensão da situação estará em condições de realizar esta "ponderação justa". Mas a tarefa da concreção não se resume a mero reconhecimento dos artigos dos códigos. Se quisermos julgar com justiça um caso determinado é necessário conhecer também a judicatura e todos os momentos que a determinam.*

Deve o magistrado fundamentar sua decisão inspirado pelos princípios morais e éticos que a sociedade tanto espera dele, devendo sua decisão repercutir em toda a sociedade, e não se restringir a objetivos individuais e particulares.

Buscar conselho consigo é o que deve o juiz fazer quando se deparar com um problema que dele exija muito mais do que a simples aplicação de uma determinada norma. É a ética fluindo de seu pensamento, é a moral explodindo por sobre o papel da sentença e é, principalmente, a realização da justiça com base nos princípios da ética, da boa-fé e da dignidade da pessoa humana.

A noção de princípio aqui desenvolvida está sustentada no entendimento de Humberto Ávila (2003:18), *de que os princípios, assim como as regras, são elementos constitutivos das normas*. Segundo afirma:

> [...] enquanto as regras são normas imediatamente descritivas, primeiramente retrospectivas e com pretensão de decidibilidade e abrangência, para cuja aplicação se exige a avaliação da correspondência, sempre centrada na finalidade que lhes dá suporte ou nos princípios que lhes são

> axiologicamente subjacentes, entre a construção conceitual da descrição normativa e a construção conceitual dos fatos, os princípios são normas imediatamente finalistas, primeiramente prospectivas e com pretensão de complementaridade e de parcialidade, para cuja aplicação se demanda uma avaliação da correlação entre o estado de coisas a ser promovido e os efeitos decorrentes da conduta havida como necessária à promoção.

No seu entendimento, as normas são princípios ou regras, sendo que essas não precisariam e nem poderiam ser objeto de ponderação, enquanto aqueles, ao contrário, precisam e devem ser objeto de ponderação.

> Enquanto as regras instituem deveres definitivos, independentes das possibilidades fáticas e normativas, isto é, no caso de colidirem duas regras, uma delas deverá ser considerada inválida, ou, em última análise, deve ser aberta uma exceção a uma delas para a solução do conflito, por outro lado, quando colidirem dois princípios, os dois devem ultrapassar o conflito mantendo sua validade, cabendo ao aplicador decidir qual deles possui maior peso e melhor se coaduna com o caso em exame. Em última análise os princípios poderiam ser distinguidos das regras pelo caráter *hipotético-condicional*, isto é, as regras possuem uma hipótese e uma consequência que predeterminam a decisão, sendo aplicadas ao modo *se, então;* já os princípios apenas indicam o fundamento a ser utilizado pelo aplicador para, futuramente, encontrar a regra aplicável ao caso concreto. Assim, os princípios seriam as normas que estabelecem os fundamentos para que um determinado mandamento seja encontrado, enquanto que as regras determinariam a própria decisão.

A definição apresentada por Ávila[206] inicia dizendo que os princípios são normas imediatamente finalistas, isto é, eles estabelecem um fim a ser atingido. Ressalte-se que "um fim" conduz à ideia de fixação de um objetivo ou de um conteúdo a ser alcançado ou pretendido, não necessariamente significando um ponto final a ser alcançado, mas, apenas, um conteúdo que se deseja alcançar. Daí se dizer que o fim *estabelece um estado ideal de coisas a ser alcançado ou atingido. É determinando* o fim *que se encontrarão os meios para alcançá-lo.*

Neste diapasão tem-se como exemplo o princípio da moralidade que exige a *realização* ou *preservação* de um estado de coisas exteriorizado pela lealdade, seriedade, zelo, postura exemplar, boa-fé, sinceridade e motivação. Para a realização desse estado para efetivação de um estado de lealdade e boa-fé é preciso o cumprimento de tudo aquilo que foi prometido; para realização de um estado de seriedade é essencial agir-se movidos por motivos sérios; para tornar-se real uma

---

[206] ÁVILA. *Op. cit.*, p. 70.

situação de zelo é fundamental colaborar-se com o administrado e informá-lo de seus direitos e da forma de protegê-los; para que reste concretizado um estado em que predomine a sinceridade é indispensável falar-se a verdade e, para que seja garantida a motivação é necessário expressar-se por que se age. Por tudo isso, sem esses comportamentos não se contribuirá para a existência do estado de coisas apregoado como ideal pela norma, e, por via de consequência, não se atingirá o fim desejado. Não se concretizará, portanto, o princípio.

Os princípios não são, pois, apenas valores cuja realização depende de meras preferências sociais. Princípios e valores não se confundem, simplesmente se relacionam, na medida em que o estabelecimento de fins implica qualificação positiva de um estado de coisas que se quer promover. Porém, podem afastar-se porque, enquanto os princípios se situam no plano deontológico e, por via de consequência, estabelecem a obrigatoriedade de adoção de condutas necessárias à promoção gradual de um estado de coisas, os valores se situam no plano axiológico ou meramente teleológico e, por isso, apenas atribuem uma qualidade positiva a determinado elemento.

Humberto Ávila[207] propõe algumas diretrizes para análise dos princípios, considerando que sua definição repousa na ideia de que se tratam de normas finalísticas que exigem a delimitação de um estado ideal de coisas a ser buscado por meio de comportamentos necessários a essa realização.

Uma primeira diretriz trata da *especificação dos fins ao máximo*, isto é, quanto menos específico for o fim, menos controlável poderá ser sua realização. Neste caso é necessário trocar o fim vago por um fim específico. Uma segunda diretriz refere-se às *pesquisas de casos paradigmáticos* que possam iniciar esse processo de esclarecimento das condições que compõem o estado ideal de coisas a ser buscado pelos comportamentos necessários à sua realização. Aqui mister substituir o fim vago por condutas necessárias à sua realização. A terceira diretriz trata do exame, nesses casos, *das similaridades capazes de possibilitar a construção de grupos de casos que girem em torno da solução de um mesmo problema central*. É necessário abandonar a mera catalogação de casos isolados em favor da investigação do problema jurídico neles envolvidos e dos valores que devem ser preservados para sua solução. Uma quarta diretriz fala da *verificação da existência de critérios capazes de possibilitar a delimitação de quais são os bens jurídicos que compõem o estado ideal de coisas e de quais são os comportamentos considerados necessários à sua realização*. Em outras palavras, troca-se a busca de um ideal pela realização de um fim que possa se concretizar. Por fim, uma quinta e última diretriz versa sobre *a realização de um percurso inverso*, ou seja, descobertos o estado das coisas e os comportamentos necessários à sua promoção, tornar-se-ia necessária a verificação da existência de outros casos que deveriam ter sido decididos com base no princípio ora em análise.

---

(207) ÁVILA. *Op. cit.*, p. 72-77.

Um segundo passo no exame dos princípios refere-se à investigação da jurisprudência, especialmente dos Tribunais Superiores, para que se possa verificar, em cada caso paradigmático, quais foram os comportamentos tidos como necessários à realização do princípio, objeto da análise.

Há casos em que determinado princípio, embora utilizado, não vem a ser expressamente mencionado. Em outras hipóteses, embora obrigatória à promoção de um fim, o princípio não é utilizado como fundamento e em face dessas considerações, é preciso, depois de desvendadas as hipóteses de aplicação típica do princípio em análise, refazer a pesquisa, dessa feita não mediante a busca do princípio como palavra-chave, mas, por meio da busca do estado de coisas e dos comportamentos havidos como necessários à sua realização. Significa dizer que se deve, primeiramente, refazer a pesquisa jurisprudencial mediante a busca de outras palavras-chave e, ato contínuo, analisar de forma crítica as decisões encontradas, reconstruindo-as de acordo com o princípio que se está analisando, de modo a evidenciar seu uso ou a falta dele.

E qual a função do juiz nesse processo de análise e interpretação dos princípios e regras que são normas?

Para que essa pergunta possa ser respondida, é necessário citar Dworkin[208] que em sua obra *O Império do Direito*, no capítulo VII — Integridade do Direito, no tópico destinado à cadeia do direito, afirma que a interpretação criativa vai buscar sua estrutura formal na ideia de intenção, não (pelo menos não necessariamente) porque pretenda descobrir os propósitos de qualquer pessoa ou de algum grupo histórico específico, mas porque pretende impor um propósito ao texto, aos dados ou às tradições que está interpretando.

Tudo depende, com efeito, do tempo em que o juiz vai decidir, da tradição que envolve esse mesmo tempo e das circunstâncias com as quais o juiz se depara no seu processo interpretativo e aplicativo dos princípios ou das regras.

No Brasil, de acordo com o que dispõe o art. 1º da Constituição Federal, que se vive em um Estado democrático de Direito, que tem como fundamento, dentre outros, a dignidade da pessoa humana.

Assim, é essa a tradição, é esse o tempo, portanto, é assim, em conformidade com tal princípio, que deve agir o juiz ao decidir o caso concreto, ao analisar a letra da lei e ao formular sua fundamentação que ensejará sua decisão. É o tempo do Estado democrático de Direito, é a tradição da dignidade da pessoa humana, portanto, que devem reger e nortear toda e qualquer decisão judicial, ainda mais se tal decisão tiver reflexo na questão social brasileira.

---

(208) DWORKIN, Ronald. *O império do direito*. São Paulo: Martins Fontes, 1999. p. 275.

5. A CONCILIAÇÃO COMO FORMA DE JUSTIÇA *DISTRIBUTIVA* E *CORRETIVA* DE ACORDO COM OS PRECEITOS DE ARISTÓTELES

É com base nos conceitos de Aristóteles apresentados no capítulo anterior, em especial os conceitos sobre justiça distributiva e corretiva, que surgem as indagações que se pretendem venham a ser discutidas, com a finalidade de verificar-se até que ponto o processo justo, sendo aquele que visa à concretização de uma decisão justa, proferida por um Juiz Justo, pode e deve ser respeitado quando mencionada decisão transite em julgado, isto é: faz justiça o juiz que homologa acordo após o trânsito em julgado de determinada decisão transitada em julgado?

Como já visto anteriormente, a justiça distributiva repousa na premissa de uma igualdade "relativa" que tem por objetivo tratar diversamente pessoas desiguais, pressupondo, segundo Radbruch, como já mencionado no capítulo sobre o processo justo, que tal justiça, a distributiva, pressupõe ao menos três pessoas, onde uma delas encontrar-se-á em patamar superior às demais, por tratar-se daquela que será a responsável pela distribuição dos encargos e das vantagens, considerada, por essa razão, a Justiça do Direito Público.

E isto tudo se dá mediante o processo, o qual, segundo Barbosa Moreira, deve ser efetivo para a concretização do Direito Material, porém, essa efetividade deve ter um cunho social.

Disse Barbosa Moreira em palestra proferida no Rio de Janeiro, em 31 de março de 2001 sob o título *POR UM PROCESSO SOCIALMENTE EFETIVO*[209]:

> Efetividade do processo é expressão que, superando as objeções de alguns, se tem largamente difundido nos últimos anos. Querer que o processo seja efetivo é querer que desempenhe com eficiência o papel que lhe compete na economia do ordenamento jurídico. Visto que esse papel é instrumental em relação ao direito substantivo, também se costuma falar da instrumentalidade do processo. Uma noção conecta-se com a

---

(209) Texto de palestra proferida no Rio de Janeiro, em 31-3-2001 (com o acréscimo de notas). Publicado em *Rev. de Proe.*, n. 105, *Rev. Síntese de Dir. Civ. e Proe. Civ.*, nll I I, *Rev. de Dir. Renovar*, v. 20, *Rev. da Assoe. dos Proe. do Est. do RJ*, n. 11.

outra e por assim dizer a implica. Qualquer instrumento será bom na medida em que sirva de modo prestimoso à consecução dos fins da obra a que se ordena; em outras palavras, na medida em que seja efetivo. Vale dizer: será efetivo o processo que constitua instrumento eficiente de realização do direito material.

Tem o sabor do óbvio a afirmação de que a busca da efetividade no processo suscita grande e multiforme problemática. Não é nem poderia ser meu propósito, neste ensejo, discorrer sobre todos os seus variados aspectos. Escolhi um ângulo, uma perspectiva, que o próprio título da palestra basta para pôr em evidência. Interessa-me, aqui e agora, a efetividade *social* do processo. Mas convém precisar o objeto de minha atenção: o adjetivo 'social', com efeito, vítima constante de abusos que o desgastam, está longe de ser unívoco.

Dos diversos critérios possíveis de aferição, vou concentrar-me em dois, que me parecem sobremodo importantes. De acordo com o primeiro, será socialmente efetivo o processo que se mostre capaz de veicular aspirações da sociedade como um todo e de permitir-lhes a satisfação por meio da Justiça. Consoante o segundo, merecerá a denominação de efetivo, do ponto de vista social, o processo que consinta aos membros menos bem aquinhoados da comunidade a persecução judicial de seus interesses em pé de igualdade com os dotados de maiores forças — não só econômicas, senão também políticas e culturais.

Cabe, portanto, ao Juiz Justo, a realização da justiça distributiva a qual, segundo lecionou Barbosa Moreira, deve se dar mediante a concretização de um processo com efetividade social.

Outra espécie de justiça definida por Aristóteles, também vista no capítulo antecedente, é a denominada corretiva, a qual surge tanto nas *transações voluntárias como nas involuntárias* e tem por objetivo restabelecer a igualdade.

O exemplo utilizado por Aristóteles sobre essa forma de justiça referiu-se à questão de que, se uma pessoa foi ferida, a outra infligiu o ferimento; ou, se uma pessoa matou, a outra foi morta. O sofrimento e a ação foram desigualmente distribuídos, e o juiz tenta igualar as coisas por meio da pena, subtraindo uma parte do ganho do ofensor. Aqui se verifica uma forma de transações involuntárias, posto que a igualdade entre vítima e agressor foi imposta por um juiz, ao proferir uma decisão.

Todavia, como tratar com igualdade agressor e ofensor, autor e réu, reclamante e reclamado, nos processos penal, civil e trabalhista, respectivamente, se, após o juiz ter-se manifestado por meio de uma decisão sobre a qual nenhum recurso mais possa ser interposto, as partes venham a conciliar? Onde estará subtraído *o ganho do ofensor?*

Aqui vem à questão o que Aristóteles denomina de *transações voluntárias*[210]. E surge, também, o questionamento sobre a possibilidade de esta vir a ofender ou não ao processo justo.

Assim, entende-se que se o juiz, tendo proferido uma decisão justa, por um processo justo, autorize e homologue um acordo que retirará de alguém algo que já lhe fora reconhecido como de direito estará fazendo uma escolha e, como asseverou Aristóteles, *se um homem prejudica outro por escolha, age injustamente, e são estes os atos de injustiça que caracterizam os seus agentes como homens injustos, desde que o ato viole a proporção ou a igualdade. Do mesmo modo, um homem é justo quando age justamente por escolha, mas ele age justamente apenas se sua ação é voluntária.*

Mas esta escolha não parte do juiz, mas de uma das partes do processo, ou daquele que tenha sido beneficiado por uma decisão transitada em julgado, ou por aquele prejudicado por aquela. No primeiro caso, reportamo-nos a outra indagação formulada por Aristóteles: *Será mesmo possível se sofrer a injustiça voluntariamente?*

Entende-se que sim, pois se aquele que se saiu vencedor em uma demanda abre mão do quinhão que lhe fora reconhecido por uma decisão judicial, estará agindo injustamente consigo mesmo, assim, também, como o perdedor na mesma demanda, ao propor ou aceitar acordo que lhe restitua o que não lhe pertence de direito, estará, também, agindo com injustiça diante de si mesmo.

Em um ou em outro caso, de nada adiantará uma decisão justa, proferida por um Juiz Justo, após a conclusão de um processo justo, pois o que se pretende com tal decisão é a pacificação social e esta não estará completada se alguém receber menos do que lhe é devido e outro pagar menos do que deve.

E para alcançar-se essa decisão justa, um longo caminho foi percorrido, isto é, a atividade do juiz não se resume ao ato de proferir uma decisão. Se inicia com a cognição, passa pela apreciação das provas e se encerra com a decisão definitiva.

Giuseppe Chiovenda[211] leciona que antes de decidir a demanda, realiza o juiz uma série de atividades intelectuais com o objetivo de se aparelhar para julgar

---

(210) Já dito no capítulo anterior que: "Nesta questão da justiça corretiva, usam-se os nomes perda e ganho, os quais procedem das trocas voluntárias; de fato, passar a ter mais do que aquilo que se tem direito chama-se ganhar e passar a ter menos do que uma parte inicial chama-se perder; quando, porém, as pessoas não recebem mais nem menos do que tinham, mas apenas o que já lhes pertence, dizem que têm o que é seu, e que nem ganharam nem perderam. Portanto, o justo é intermediário entre uma espécie de ganho e uma espécie de perda nas transações voluntárias, e consiste em ter uma quantidade igual antes e depois da transação."
(211) CHIOVENDA, Giuseppe. *Instituições de direito processual civil*. V. 1. As relações processuais, a relação ordinária de cognição. Tradução do original Italiano. 2. ed. "Instituzioni di Diritto Processuale Civile" por Paulo Capitanio — Advogado, com anotações do Professor Enrico Tullio Liebman — Professor nas Faculdades de Direito de Parma (Itália) — 1. ed. Campinas/SP: Bookseller, 1998. p. 217-218.

se a demanda é fundada ou infundada e, pois, para declarar existente ou inexistente a vontade concreta da lei, de que se cogita. Tais atividades intelectuais, com efeito, instrumento da atuação da vontade da lei mediante verificação, constituem a cognição do juiz.

Já neste primeiro momento, o juiz deve analisar a ação, instrumentalizada através do processo, com um olhar voltado para os princípios constitucionais, em especial, verificar a amplitude social que uma futura decisão virá ocasionar com o reconhecimento ou não do direito postulado.

Uma outra atividade essencial do juiz é a apreciação das provas produzidas no decorrer da instrução processual, a qual deve ser muito mais que uma simples análise dos documentos apresentados, depoimentos pessoais, provas testemunhais e periciais, feita de forma individual.

Neste sentido, Francesco Carnelutti[212] denomina tal apreciação de *inspeção*. O jurista italiano diz que *inspeção* é vocábulo que se refere particularmente à percepção visual; porém, na linguagem jurídica se emprega para qualquer forma de percepção, e assim também para a percepção auditiva; por isso, deve-se falar de inspeção não só a propósito da leitura de um documento ou da visita de um edifício, mas também a propósito da oitiva de uma testemunha.

Complementa Carnelutti:

> Pois bem, sobre o tema da inspeção, uma primeira observação aconselha a distinguir entre provas, cuja inspeção pode acontecer juntamente com a valorização, de maneira que juntamente significa sem solução de continuidade um e outro ato; aquelas outras provas (entendendo por prova o meio de prova; *supra*, n. 79) cuja inspeção requer, por exigências práticas, uma atividade separada da valorização. Para ilustrar esta distinção reflexiona-se que, assim como um documento, o juiz pode ver enquanto atende à valorização, se se trata, ao invés, de inspecionar um edifício, ele deve se mudar da sua sede e com ele as partes, as quais têm direito não somente a inspecioná-lo também, mas sim a assistir à inspeção do juiz, propondo as instâncias e as observações oportunas; quanto ao documento, o exercício de tal direito não encontra nenhuma dificuldade, porque o documento, uma vez apresentado, está sempre à disposição das partes o mesmo que do juiz; mas quanto ao edifício, as coisas são muito diferentes. A mesma diferença se verifica entre o documento e a testemunha, pois esta não pode estar no processo o mesmo que o documento, de maneira que a parte e o juiz possam se servir dele a todo momento.

---

[212] CARNELUTTI, Francesco. *Direito processual civil e penal*. V. I. Campinas/SP: Peritas, 2001. p. 230.

Quanto à questão probatória, papel fundamental possui o juiz não somente como condutor da instrução probatória, mas, como leciona Carnelutti[213] ao tratar do *Juiz Instrutor*, o problema se estabelece já na fase preparatória, onde o encargo do juiz consiste em particular no diálogo das partes. Diz Carnelutti que já observou-se que o êxito do diálogo se confia sobretudo à possibilidade de abreviar as distâncias, antes de tudo entre as partes, isto é, quanto mais íntimo se faz o diálogo, inclusive se confidencial, mais fácil será alcançar-se os fins da conciliação e, em todos os casos, da justiça.

Soluções de incidentes, instrução, lealdade e encerramento da instrução processual são questões a serem abordadas por ocasião da elaboração da tese que ora se propõe.

A última fase do procedimento é a própria decisão.

Questiona Carnelutti[214]: *Como faz o juiz para decidir?* Para o autor, este problema deveria ser solucionado pela ciência do direito. É necessário começar a compreender como decide o juiz singular para chegar, depois, a compreender como decidem vários juízes juntos.

Assim decreta Carnelutti:

> Tem de decidir. A decisão se impõe ao juiz com a necessidade da ação. O que significa que a decisão escapa, a um certo ponto, do campo do pensamento para invadir o da ação. É ação porque está mais além do juízo; e mais além do juízo não há mais que ação. Por isto, fala-se da decisão, no lugar de juízo. Decidir, de *de caedere*, alude precisamente a um cortar.

> Disse Alessandro Manzoni, que 'as razões e a sem-razão não se dividem nunca com corte tão nítido, que cada parte tenha somente de uma ou de outra', mas o juiz deve fazer este corte.

E complementa:

> Vem à mente o corte do nó gordiano (nó gordiano, aquele impossível de desatar). Se o brasão da justiça está composto com a balança e com a espada, o segundo destes símbolos alude somente ao processo de execução. Em suma, no final, para decidir é necessário se decidir.

> O que se encontra na decisão, mais além do juízo, é a escolha. O leitor deverá se recordar, ao chegar a este ponto, o que foi dito ao discorrer sobre a certeza e a declaração dela (*supra*, n. 34). Este é o momento da liberdade. A liberdade não é outra coisa, no fim das contas, que

---

(213) CARNELUTTI, Francesco. *Op. cit.*, p. 235-236.
(214) CARNELUTTI, Francesco. *Op. cit.*, p. 247-255.

capacidade e melhor poderia se dizer, força de escolher. E aqui combina a liberdade com a responsabilidade; o homem põe sobre si as consequências da ação. Compreende-se neste momento supremo, o juiz consciente, sentindo sobre si sua fraqueza e o peso que está por cair sobre seus ombros, invoque a ajuda de Deus.

Liberdade, responsabilidade, justiça. São esses os pilares sobre os quais o juiz deve conduzir sua atividade até chegar à sua decisão, buscando nos princípios constitucionais, em especial, no Princípio da Dignidade da Pessoa Humana, os elementos que possibilitem o acesso à ordem jurídica justa[215].

Após esse longo caminho, tendo o juiz proferido uma justa decisão, seria possível aceitar que as partes transigissem, nesta oportunidade, não mais sobre o direito material pleiteado — pois este já fora reconhecido — mas sobre sua própria decisão?

É isto: o acordo, após o trânsito em julgado da decisão, não versa mais sobre o direito material discutido, mas sobre a decisão do Estado/Juiz.

5.1. Mediação, arbitragem e conciliação e seus limites a serviço da ideia de justiça

Pôr fim à relação processual através de *modos excepcionais*, em especial através da *composição amigável*, é dever do magistrado. Mas até onde poderá agir o juiz sem prejudicar o processo justo e o conceito universal de justiça?

---

[215] Angela Araujo da Silveira Espindola e Igor Raatz dos Santos, em texto intitulado O PROCESSO CIVIL NO ESTADO DEMOCRÁTICO DE DIREITO E A RELEITURA DAS GARANTIAS CONSTITUCIONAIS: ENTRE A PASSIVIDADE E O PROTAGONISMO JUDICIAL, ISSN Eletrônico 2175-0491 apresentaram estudos que objetivaram "analisar os reflexos dos diferentes perfis assumidos pelo Estado na estruturação do processo civil, a fim de alcançar bases sólidas para a compreensão do direito processual no Estado Democrático de Direito. Enquanto no Estado Liberal Clássico o processo era compreendido numa perspectiva privatista, como 'coisa das partes' frente a um juiz passivo, as mutações ocorridas no seio do Estado Social vão implicar uma concepção pública do processo, o qual vem a ser visualizado como instrumento a serviço da ordem jurídica estatal, reforçando-se com isso o papel do juiz, de modo a romper com as deficiências do processo de índole liberal. No Estado Democrático de Direito, cobra-se uma nova leitura do processo civil, que passa a ser encarado como uma parceria de singularidades, de modo a equalizar a passividade e o protagonismo judicial. O estudo vincula-se à linha de pesquisa "hermenêutica, constituição e concretização de direitos, valendo-se do 'método' de abordagem hermenêutico." E concluem: "[...] o processo civil no Estado Democrático de Direito merece ser pensado numa perspectiva que concilie um juiz participativo, distinto daquele reinante no Estado Liberal Clássico, sem que isso importe no amesquinhamento do papel das partes, as quais devem colaborar, ou seja, trabalhar em conjunto, numa espécie de parceria que reserva a singularidade de cada posição e interesse, com o órgão julgador no desenvolvimento do processo e na formação da decisão. Sob essa perspectiva, o processo civil vai encarado como uma comunidade de trabalho, como uma parceria de singularidades, estruturada pelos direitos fundamentais que enfeixam a ideia de um processo justo, superando, assim, tanto o protagonismo quanto a passividade do juiz".

Uma primeira questão versa sobre a possibilidade de recorrer-se aos mecanismos alternativos de solução de conflitos, em especial, a mediação, a arbitragem e a conciliação, antes ou mesmo no curso do processo.

Ao tratar sobre a questão das dificuldades enfrentadas pelo Poder Judiciário brasileiro em solucionar todas as lides levadas ao seu conhecimento, mais especificamente sobre o tema da Mediação, em texto intitulado *A EXPERIÊNCIA ÍTALO-BRASILEIRA NO USO DA MEDIAÇÃO EM RESPOSTA À CRISE DO MONOPÓLIO ESTATAL DE SOLUÇÃO DE CONFLITOS E A GARANTIA DO ACESSO À JUSTIÇA,* Humberto Dalla e Michele Pedrosa Paumgartten[216] asseveram que no Brasil o acesso à justiça, embora contemplado entre os direitos e garantias fundamentais, faz-se necessário um *reexame da expressão para que o instituto não seja minimizado à mera oferta generalizada e incondicionada do serviço judiciário estatal.*

Dizem Humberto e Michele que seu objetivo é:

> [...] examinar o tratamento do conflito num momento em que a crise do Estado-jurisdição afeta vários países, cujos Tribunais operam além dos seus limites. Diante desse quadro, a procura por alternativas na solução dos conflitos para atender o binômio necessidade — utilidade do acesso à justiça mostra-se evidente e necessária à segurança jurídica. No entanto, a busca por essa efetividade deve se dar com cautela, para que na ânsia de resolver a crise do Estado-jurisdição não se crie na verdade, obstáculos ainda mais graves ao acesso à justiça, como a adoção de um sistema de mediação obrigatória ou a processualização da mediação, desnaturando sua essência.

Alicerçam, Dalla e Michele, seus comentários na obra de Elígio Resta, *O Direito Fraterno,* ao argumento de que tal este tem por fundamento uma sociedade mais *humana, retratando um direito não violento*[217]*, em que se busca a inclusão e o*

---

(216) PINHO. Humberto Dalla Bernardina de; PAUMGARTTEN. Michele Pedrosa. *A experiência ítalo-brasileira no uso da mediação em resposta à crise do monopólio estatal de solução de conflitos e a garantia do acesso à justiça.*
(217) "Destituendo il gioco d'amico-nemico, il diritto fraterno è non violento. Non incorpora l´idea del nemico sotto altra forma, e per questo è differenza rispetto alla guerra. È, si diceva, giurato insieme, ma non prodotto di quella congiura che porta simbolicamente alla 'decapitazione del re' e che, è noto, si porta dietro sensi di colpa che sopravvivono al gioco 'sacrificale' di qualsiasi democrazia. Per questo non può difendere i diritti umani mentre li sta violando; la possibilità della sua esistenza sta utta nell'evitare il cortocircuito dell'ambivalenza mimetica, che lo trasforma da rimedio in malattia, da antidoto in veleno". Em passagem anterior, já havia registrado que: *"Il conflitti aumentano progressivamente e si atribuisce tutto questo all´inefficienza dovuta alla mancanza di risorse; si chiede no cosí aumenti consistenti si risorse pensando qui cosí i conflitti possano diminuire. Non soltanto l´inferenza causale risulta del tutto gratuita, ma ci ni innesta in una logica remediale che constribuisce di per sé non soltanto a non risolvere, ma addirittura a inflazionare il saldo di domanda e offerta."* RESTA, Elígio. *Il Diritto Fraterno.* Roma: Laterza, 2009. p. 133 e 72.

mais importante, a ruptura do binômio amigo-inimigo, convenção arraigada no processo judicial tradicional.

Sobre a mediação Elígio Resta[218] assevera que:

> [...] os conflitos aumentam progressivamente e se atribui tudo isso à ineficiência decorrente da falta de recursos; pedem-se, assim, aumentos consistentes de recursos, pensando que assim os conflitos podem ser diminuídos. Não somente a interferência causal resulta gratuita, mas nos coloca em uma lógica *remedial* que contribui, por si só, não somente a não resolver, mas inclusive a inflacionar o saldo de procura e oferta. Sem referir-se ao caráter culturalmente induzido da demanda por parte da oferta, que é um discurso possível e corroborado pelos dados quantitativos, o problema de *policy* que emerge é aquele de um sistema que investe no remédio sem incidir nas causas; assim, aumentam os recursos do aparato judiciário, mas continua somente a ilusão de que isto faça diminuir os conflitos. O remédio reage sobre o remédio, mas não tem nenhuma direta incidência sobre as causas, dimensões, efeitos da litigiosidade que determinam os conflitos.

Surge então, segundo Dalla e Michele:

> [...] com expectativa a adoção de métodos alternativos endo ou paraprocessuais para a solução das demandas, como antídoto contra a crise jurisdicional, que não deve cingir-se apenas a descongestionar os Tribunais ou promover a cura para um litígio, mas deve sim buscar a sua solução plena, duradoura e de forma pacífica, não violenta, buscando a solução de conflito em conjunto, amenizando-se a dependência social da jurídição, no molde desenhado pelo Direito Fraterno.

> Mas cabe ressaltar, desde já, que a busca pela autocomposição do conflito deve ser uma opção, pois quando o cidadão busca *refúgio* no meio alternativo não por livre escolha, mas para se livrar dos riscos de um processo judicial lento, ineficaz e oneroso, certo é que as bases do acesso à justiça encontram-se ameaçadas[219].

Deve ficar claro porém, que a intenção não é a defesa do fim da jurisdição enquanto forma de adjudicação e tampouco imaginar que os métodos

---

(218) RESTA, Eligio. *O direito fraterno*. Tradução de Sandra Regina Martini Vial. Santa Cruz do Sul: Edunisc, 2004. p. 104.
(219) *"Quando si preferisce l'arbritrato non per la sua superiorità, mas perché la procedura civile è antiquata e particolarmente poco invitante, quando cioè la scelta tra l'Alternative Dispute Resolution ed il processo civile ordinario diventa una scelta tra la peste ed il cólera, l´acesso alla giustizia si trova realmente in pericolo."* LINDBLOM, Per Henrik. *La Privatizzazione della giustizia: osservazioni circa alcuni recenti sviluppi nel diritto processuale americano e svedese*. Rivista trimestrale di diritto e procedura civile, n. 4, dez. 1995, p. 1399.

autocompositivos são a solução mágica para a crise do Estado-juiz, mas sim conscientizar o Poder Judiciário de que o cumprimento de seu papel constitucional não consiste necessariamente na intervenção em todo e qualquer conflito[220]; e nessa perspectiva a efetividade da prestação jurisdicional significa intervir quando necessário, como *ultima ratio*[221], e incentivar o estudo do direito através de uma óptica transdisciplinar e não somente por uma mirada dogmática e formalista, construindo um novo referencial para a ciência do direito.

Tais fundamentos, elencados por Dalla e Michele, levam à nova *concepção contemporânea de jurisdição*, a qual, segundo os autores, *vai deixando então de ser tão centrada no poder, para conectar-se à ideia de soberania aderindo à função que o Estado Social de Direito deve desempenhar no sentido de promover a solução justa dos conflitos, em seu sentido pleno, com uma tutela adequada, num tempo razoável.*

Mas há uma preocupação acerca da mediação. Hoje um cuidado deve ser observado com o que foi denominado de *mediação obrigatória*. Neste particular, em outro texto, Humberto Dalla Bernadina de Pinho e Michele Pedrosa Paumgartten, este denominado Mediação Obrigatória: Um Oxímoro Jurídico e Mero Placebo para a Crise do Acesso à Justiça[222], assinalam que:

> Este é um momento especial para os mecanismos alternativos de solução de conflitos, particularmente para a mediação. Vivenciamos uma produção em larga escala de normas que incentivam a sua prática. Uma medida bastante salutar diante dos benefícios e a transformação que exerce no tratamento de um conflito e nas partes envolvidas. No entanto, com o pretexto de facilitar o uso deste mecanismo amigável de solução de conflitos, uma metamorfose vem se desenrolando na paisagem judicial: é a mediação obrigatória. A imposição da mediação às partes vem sob o pretexto da redução de custos, tempo e alívio para as Cortes obstruídas por processos, ou seja, a suposta cura para todos os males que afetam o acesso à justiça nos tempos modernos.

É consenso, segundo Dalla e Michele, *que o significado da mediação não é o mesmo para todos,* isto é, para uns, *mediar transmite a noção da existência de um papel facilitador por um especialista na matéria sob litígio*, enquanto que, para outros, na mediação é feita uma avaliação por um terceiro neutro para que os

---

(220) OST, François. Júpiter, Hércules, Hermes: três modelos de Juez. In: *DOXA*, n. 14, 1993. p. 169-194, in <http://www.cervantesvirtual.com>. Acesso em: 14 de novembro de 2009.
(221) PINHO, Humerto Dalla Bernadina de. *A mediação na atualidade e no futuro do processo civil brasileiro*. Artigo disponível no sítio: <http://www.humbertodalla.pro.br>.
(222) PINHO, Humberto Dalla Bernardina de; PAUMGARTTEN, Michele Pedrosa. *Mediação obrigatória:* um oxímoro jurídico e mero placebo para a crise do acesso à justiça.

litigantes possam avaliar suas respectivas posições com mais precisão para chegarem a uma solução por si próprios. Segundo Dalla e Michele, *na maioria dos casos, no entanto, a mediação denota uma combinação desses atributos.*

E acrescentam sua definição de mediação:

> Temos sustentado, numa definição simples e direta, que a mediação é o procedimento por meio do qual os litigantes buscam o auxílio de um terceiro imparcial que irá contribuir na busca pela solução do conflito. (PINHO, 2005, p. 108) Esse terceiro não tem a missão de decidir (e nem a ele foi dada autorização para tanto). Ele apenas auxilia as partes na obtenção da solução consensual.
>
> Quer nos parecer que a mediação é muito mais um conjunto de técnicas, experiências e hábitos culturais, que vão se estabelecendo na comunidade, do que uma definição teórica.
>
> É uma busca para a solução dos conflitos, pautado numa prática discursiva, criando através do diálogo e não da força coercitiva, uma resolução para o conflito, cuja legitimidade deste resultado encontra suas bases no próprio processo comunicativo que lhe originou.

E concluem: *Na mediação, as partes são guiadas à resolução do conflito, à reconciliação, ao perdão.*

Entretanto, asseguram Dalla e Michele que, do modo como esse mecanismo de solução vem sendo introduzido em alguns ordenamentos desfigura por completo o instituto *e tem a finalidade de servir a propósitos meramente estatísticos, e que estão longe de atender às necessidades do cidadão.*

E questionam: *Nesse contexto, será que o uso da mediação, em particular, na forma como vem sendo proposta, com prazo para terminar, obrigatória e em casos predeterminados, seria o arranjo ideal para a solução efetiva dos conflitos da sociedade e o remédio para a crise do acesso à justiça? Ou o efeito seria meramente psicológico, diante de uma barreira imposta previamente ao processo judicial?*

Respondem argumentando que não deve a mediação *ser perseguida em todos os casos independentemente da circunstância,* posto que nela, o que se procura é *um balanceamento de poder, escuta mais ativa, gerando opções, criação de consciência sobre a disputa, negociação de soluções, retirando-se a máscara de demônio ou vítima criada pelo outro, permitindo que cada lado escolha a melhor alternativa para uma solução negociada, chegando, enfim, a um consenso.*

Por todas essas razões, não há como, no entender de Dalla e Michelle, que esse processo perca sua essência de voluntário, que deixe de respeitar a autonomia da vontade das partes, *admitindo-se até que seja incentivada a prática mediativa por um juiz, mas é descabida qualquer pretensão de torná-la obrigatória, prévia ou incidentalmente à demanda judicial.*

No que concerne à arbitragem, ensejou seu surgimento *a demora e o despreparo do Estado para o julgamento de determinados conflitos,* tendo algumas demandas sido endereçadas aos tribunais arbitrais e não ao Poder Judiciário, é o que leciona Luiz Guilherme Marinoni[223], tendo sido sedimentada através da Lei da Arbitragem — Lei n. 9.307/96 — *que afirma, logo no seu § 1º, que* "as pessoas capazes de contratar poderão valer-se da arbitragem para dirimir litígios relativos a direitos patrimoniais disponíveis", podendo tal litígio, com efeito, ser julgado por qualquer pessoa capaz e que seja dotado da confiança das partes, a teor do que dispõe o art. 13, da mesma lei. Diz o art. 3º, por seu turno, que as partes interessadas podem submeter a solução de seus conflitos ao juízo arbitral, mediante convenção de arbitragem, assim compreendida *a cláusula compromissória e o compromisso arbitral,* não sendo necessário submeter-se a decisão do árbitro à homologação pelo Poder Judiciário, não podendo, todavia, tal litígio, ser posto novamente em discussão.

Calamandrei[224] enquadra o árbitro, em um primeiro momento, entre os *auxiliares da Justiça,* cuja função é solucionar controvérsias em matéria civil, desde que essa diga respeito a relações *disponíveis,* devendo as partes acordarem no sentido de que a contenda seja decidida por um ou mais árbitros, por elas nomeados, evitando, assim, que tal decisão se dê pela via judicial.

Posteriormente o coloca na condição de colaborador dos juízes públicos:

> [...] no sentido de que eles percorrem, em lugar dos juízes, o caminho lógico e necessário para se chegar à conclusão que se formula na sentença, elaboram e preparam, até o ponto de ser transformado em sentença, o material lógico que, normalmente, no ordenamento processual de cognição, deve ser diretamente elaborado pelo juiz; de maneira que, mesmo não havendo nem encargo outorgado pelo juiz aos árbitros (já que normalmente os árbitros são nomeados pelas partes, sem ingerência alguma do juiz) nem assunção por parte deles de funções públicas (já que o laudo que eles pronunciam não tem, por si, eficácia oficial alguma), os árbitros se apresentam como particulares que cumprem no processo uma tarefa que, na falta deles, deveria ser realizada pelo juiz, cuja obra se encontra desse modo facilitada por essa possibilidade, que eles oferecem, de servir-se, para a construção da sentença, de um material lógico já elaborado por eles. [...] Esse caráter de auxiliares da Justiça se manifesta ainda mais quando os árbitros, em vez de serem nomeados pelas partes, são indicados pela autoridade judicial.

---

(223) MARINONI, Luiz Guilherme. *Teoria geral do processo* — Curso de processo civil, v. 1. São Paulo: Revista dos Tribunais, 2006. p. 147-153.
(224) CALAMANDREI, Piero. *Coleção ciência do processo* — instituições de direito processual civil segundo o novo código. V. II, 2. ed. Campinas/SP: Bookseller, 2003. p. 219-227.

Aqui depende-se (a) da vontade de as partes terem seus conflitos solucionados por um árbitro e (b) terem condições financeiras para o pagamento de um processo eminentemente caro, inexistindo, com efeito, conforme defendido por Marinoni, qualquer cabimento em se pensar em lesão ao princípio da inafastabilidade da jurisdição — art. 5º, inciso XXXV, da Constituição Federal de 1988.

Não há, também, que se confundir arbitragem com jurisdição, sendo essa última *uma manifestação do poder estatal* e que *somente pode ser exercida por uma pessoa* investida *na autoridade de juiz, após concurso público de provas e títulos*, enquanto que a arbitragem pode ser exercida por qualquer pessoa apta a exercê-la, com conhecimento técnico sobre a demanda e que, principalmente, disponha da confiança dos litigantes.

Assinala, por fim, Marinoni sua preocupação também com a deturpação dos conceitos que inspiram a arbitragem, em especial o surgimento de duas classes de justiça e assim justifica:

> Acontece que a construção de um lugar próprio à solução dos conflitos faz surgir, como consequência natural, o desinteresse dos donos desses conflitos pela efetividade do Poder Judiciário, especialmente quando se percebe que os litigantes dos casos entregues à arbitragem podem ser réus nas demandas propostas pelos particulares e pelo próprio Estado perante o judiciário. E essa lógica pode fazer surgir duas classes de justiça — a 'justiça privada' e a 'justiça pública' —, ambas igualmente servindo à mesma classe social, em um local preocupada com a efetividade e com a tempestividade e no outro apostando na inefetividade e na demora.
>
> Além do mais, o perigo de excluir da jurisdição parcela dos direitos não está apenas em negar a devida atenção à justiça estatal, mas também em permitir a relativização do conceito de direito indisponível, viabilizando a sua acomodação às intenções daqueles que querem se livrar do controle do Estado.

A arbitragem, pois, não pode excluir a jurisdição, não pode limitar o Poder Estatal. A vontade das partes não pode se sobrepor à vontade da lei emanada de uma decisão justa, proferida por um Juiz Justo, após a conclusão de um processo justo.

Quanto à conciliação, diz Chiovenda[225] que *à margem do processo civil encontra-se também a conciliação, na qual, é verdade, se inclui uma pessoa pública* (conciliador), *não, contudo com a função de decidir a controvérsia, antes com a de tentar-lhe a conciliação a pedido de uma das partes [...]*.

---

(225) CHIOVENDA, Giuseppe. *Instituições de direito processual civil*. V. 1. Campinas: Bookseller, 1998. p. 59.

Segundo Calamandrei[226], a conciliação consiste na hipótese em que o conciliador deve *interpor-se com caráter de pacificador entre as partes e tratar de sanar as controvérsias entre elas, já surgidas ou que estejam por surgir.*

Ao contrário do que assinalou Marinoni — *a demora e o despreparo do Estado para o julgamento de determinados conflitos* —, conforme já verificou-se acima, Calamandrei assinala que:

> A atenção dada pelas mais recentes leis sobre os conflitos trabalhistas, e hoje pelo novo Código de Processo Civil, à função conciliadora, multiplicando suas intervenções fora e dentro do processo, não deve ser interpretada como indício de pouca confiança na Justiça, nem como desvalorização da luta pelo direito, cuja utilidade social deve ser particularmente sentida em um ordenamento soberano baseado no princípio da legalidade. Se a função da conciliação fosse a de calar o sentido jurídico dos cidadãos, habituando-os a preferir às sentenças justas as soluções menos cansativas de cômoda renúncia, a mesma estaria em antítese com os fins da Justiça, e não poderia encontrar lugar no novo Processo Civil, que trata de reforçar a autoridade do juiz no Estado.

Mas alerta Calamandrei — e aqui certamente enquadra-se o pensamento de Marinoni — que:

> Em outros países, a simpatia com que se vê a conciliação (outra manifestação da tendência, já observada, que queria transformar todo o Processo Civil em jurisdição voluntária) é baseada num sentimento de crescente ceticismo com a legalidade e com a Justiça judiciária, tanto que até se criou um termo irônico (*decisionismus*) para definir a ilusão daqueles que acreditam poder resolver todos os conflitos com uma decisão segundo o Direito; pode ocorrer, assim, que o prestígio que se dá à função conciliadora esteja de acordo com o descrédito dado à legalidade, e indique o retorno à concepção da Justiça como mera pacificação social.

Em artigo publicado sob o título MECANISMOS DE SOLUÇÃO DE CONFLITOS: FORMAS ALTERNATIVAS PARA A SOLUÇÃO DE LITÍGIOS: A AUTOCOMPOSIÇÃO (CONCILIAÇÃO) E SUAS ESPÉCIES, manifestou-se o pesquisador sobre o tema.

Em tal artigo, chamou-se a atenção para o fato de que a Constituição Imperial brasileira já falava em conciliação, ao exigir que fosse tentada antes de todo processo, sendo requisito para sua realização e julgamento de toda e qualquer causa.

O código de Processo Civil, em vigor, em seu art. 125, inciso IV, atribui ao juiz o dever de "tentar a qualquer tempo conciliar as partes" e no procedimento

---

(226) CALAMANDREI, Piero. *Op. cit.*, v. I, p. 167-169.

ordinário inclui-se uma audiência preliminar ou de conciliação na qual o juiz, tratando-se de causas versando direitos disponíveis, tentará a solução conciliatória antes de definir os pontos controvertidos a serem provados. Tentará, ainda, a conciliação, no início da audiência de instrução e julgamento (arts. 447-448).

Ainda sobre conciliação se tem a Lei dos Juizados Especiais — Lei n. 9.099 de 26.9.95, a qual se voltou particularmente com vistas à conciliação como meio de solução de solução de conflitos, dando a ela especial destaque ao instituir uma verdadeira fase conciliatória no procedimento que disciplina.

Também no âmbito criminal, a conciliação vinha sendo considerada inadmissível, dada a absoluta indisponibilidade da liberdade corporal e a regra *nulla poena sine judicio*, de tradicional prevalência na ordem constitucional brasileira. Todavia, com o advento da Constituição Federal de 1988, que previu a instituição dos *"juizados especiais, providos por juízes togados, ou togados e leigos, competentes para a conciliação, o julgamento e a execução [...] de infrações penais de menor potencial ofensivo [...] permitidos, nas hipóteses previstas em lei, a transação e o julgamento de recursos por turmas de juízes de primeiro grau"* — Art. 98, inciso I. E agora, nos termos da Lei Federal n. 9.099 de 26.9.1995, atinente aos Juizados Especiais Cíveis e Criminais, já são admissíveis a conciliação e a transação penais, para a maior efetividade da pacificação também em matéria penal.

Não poderia ficar de fora o processo trabalhista, aquele com maior enfoque na conciliação. Nele temos duas tentativas de conciliação, determinadas nos art. 847 e 850 da CLT, quando o procedimento ordinário for o adotado. No caso do procedimento sumaríssimo instituído através da Lei n. 9.957 de 12.1.2000, o art. 852 — E da CLT, estabelece que aberta a sessão, o juiz esclarecerá às partes sobre as vantagens da conciliação e usará os meios adequados de persuasão para a solução do litígio através do acordo, em qualquer fase da audiência.

Assim como no processo civil, que em seu art. 125, inciso IV, atribui ao juiz o dever de *tentar a qualquer tempo conciliar as partes,* no processo do trabalho é *lícito às partes celebrar acordo que ponha termo ao processo, ainda mesmo que depois de encerrado o juízo conciliatório,* conforme determina o § 3º, do art. 764, da CLT.

Ainda no âmbito trabalhista, com o advento da Lei n. 9.958, de 12.1.2000, criou-se o Título VI — A na CLT, denominado Das Comissões de Conciliação Prévia, através do qual procurou-se criar um mecanismo de conciliação no âmbito das empresas, que tem por objetivo que os conflitos entre patrões e empregados sejam resolvidos sem que haja necessidade do ajuizamento de uma ação trabalhista.

Assim como na mediação obrigatória, trabalhada por Dalla e Michele em texto já citado, onde existe a preocupação com a deturpação do instituto, também a conciliação, especialmente a que se refere às comissões de conciliação prévia, descritas pelo art. 625-D, merece reflexão.

Diz o artigo supracitado, em síntese, que toda e qualquer demanda de natureza trabalhista deverá ser submetida às Comissões de Conciliação Prévia, se essa tiver sido criada no local da prestação dos serviços. Como se vê, tal regra é impositiva, estando o empregado obrigado a primeiro recorrer à competente comissão para que, somente após ter visto frustrada a tentativa de conciliação, possa recorrer ao Poder Judiciário.

Tal dispositivo legal afronta, no nosso modo de ver, outro dispositivo, esse de estatura Constitucional, qual seja, o inciso XXXV, do art. 5º da Constituição Federal vigente, o qual, em sua, estabelece que a lei, não impedirá que alguém recorra ao Judiciário contra lesão ou ameaça ao Direito.

Como o próprio parágrafo único do art. 625-E, da Lei n. 9.958/2000 estabelece, o termo de conciliação tem eficácia liberatória, ou seja, mesmo que aquele acordo tenha sido prejudicial ao empregado, não mais poderá este desfazê-lo perante a Justiça do Trabalho, exceto se alguma ressalva tenha sido expressa no mencionado termo. Entende-se, portanto, que tal dispositivo legal encontra-se eivado de inconstitucionalidade.

Outro ponto que se faz necessário debater, repousa no que dispõe o art. 877-A da Lei n. 9.958, de 12.1.2000 que determina ser competente para executar os acordos não cumpridos perante as comissões, o juiz que teria competência para julgar o processo de conhecimento.

Para os que defendem arduamente que as comissões de conciliação prévia tem seu fundamento no princípio da celeridade processual, aqui está seu óbice, tendo em vista ser de conhecimento geral, especialmente dos operadores do Direito do Trabalho, que a procrastinação e o retardo demasiado na prestação jurisdicional encontra na execução dos processos sua maior aliada, tendo em vista ser *una* a Audiência de Instrução e Julgamento no processo do trabalho, a qual se inicia com a leitura da petição inicial e termina com a prolação da sentença, ou seja, o processo de conhecimento, por lei, no processo do trabalho, tem seu início e seu termo final, salvo motivo de força maior, em uma mesma oportunidade.

Por fim, no que se refere ao alto custo do processo, as Comissões de Conciliação Prévia não são também solução, tendo em vista que ali, após concluída a conciliação, a parte deverá pagar pelos serviços prestados por tal órgão, enquanto que no Processo do Trabalho, apenas ao final do processo se falará de custas, sendo que ao hipossuficiente caberá os benefícios da justiça gratuita, o que não ocorre na primeira hipótese.

Para concluir, não são poucas, também, as denúncias contra tais comissões, as quais hoje vêm servindo de[227] órgãos de homologação de rescisões contratuais,

---

[227] ORDOÑO, Maria José Bighetti, Juíza Titular da 52ª Vara do Trabalho de São Paulo, intitulado: Comissão de conciliação prévia: Solução ou coação? Retirado do *site*: <http://www.jcjcrato.ce.gov.br/imagens/artigoconcprevia.html>.

como bem salientado no Artigo da Dra. Maria José Bighetti Ordoño, Juíza Titular da 52ª Vara do Trabalho de São Paulo, intitulado: Comissão de conciliação prévia: Solução ou coação? *Juíza testemunha tentativa do Sindicato dos Metalúrgicos de São Paulo de obrigar empregados demitidos a aceitarem um falso "acordo" para efetivar a rescisão.*

Portanto, é mais um mecanismo de solução de conflitos que merece toda a atenção para que, assim como a mediação denominada *obrigatória*, não venha a ter deturpada a essência do instituto e possa efetivamente auxiliar na redução das demandas judiciais e contribuir com a paz social.

Não se quer, tenha-se a certeza, minimizar a importância dos mecanismos alternativos de solução de conflitos, não se deseja desconsiderar os avanços que estes trouxeram àqueles que puderam resolver suas contendas sem o manto da decisão judicial, mas o que se pretende é criar mecanismos para que o Poder Judiciário reconquiste a confiança da sociedade, que essa sociedade volte a confiar na figura do juiz e em sua decisão, como forma de concretização do princípio universal de justiça.

Em tese intitulada O ESTADO-JURISDIÇÃO EM CRISE E A INSTITUIÇÃO DO CONSENSO: POR UMA OUTRA CULTURA NO TRATAMENTO DE CONFLITOS[228], Fabiana Marion Spengler demonstra essa preocupação, atentando para os mecanismos de solução de conflitos como forma de solucionar os problemas que o Estado não consegue equacionar e questiona, ao final, se o Poder Judiciário estaria propenso a desaparecer.

Diz Fabiana que *o Judiciário (enquanto sistema) depende do próprio reconhecimento do meio social quanto à sua eficiência, a qual é medida através da sua capacidade (em termos estruturais e temporais) de absorver e tratar conflitos. A perda dessa capacidade contribui para fragilizar o papel judicial institucional e até mesmo político. A dúvida que se instala é quanto ao futuro do Poder Judiciário: está ele propenso a desaparecer?*

E conclui no sentido de que o *Poder Judiciário vem tentando agir e reagir de modo a neutralizar a crise que o assola, buscando meios de vencê-la. Mas assegura que seu futuro dependerá do seu comportamento frente a quatro importantes e polêmicas áreas de atuação:*

> [...] a primeira, consequência social da globalização econômica, especialmente quanto aos excluídos economicamente que perdem, progressivamente,

---

(228) SPENGLER, Fabiana Marion. **O ESTADO-JURISDIÇÃO EM CRISE E A INSTITUIÇÃO DO CONSENSO: POR UMA OUTRA CULTURA NO TRATAMENTO DE CONFLITOS:** Tese de Doutorado apresentada à banca examinadora do Curso de Doutorado do Programa de Pós-Graduação em Direito da Universidade do Vale do Rio dos Sinos — UNISINOS. Orientador: Prof. Pós-Dr. José Luis Bolzan de Morais. São Leopoldo, novembro de 2007.

> as condições materiais para exercer seus direitos básicos, mas que nem por isso são dispensados das obrigações e deveres estabelecidos pela legislação, principalmente a penal. A segunda diz respeito à relativização da soberania, com o advento da globalização econômica. Quanto mais cambiante se tornou o cenário, mais o Judiciário se transformava no centro das discussões políticas, assumindo papel de gestor de conflitos, o que incentiva suas dificuldades para decidir. [...] Num terceiro momento, se evidencia a importância que assume a certeza jurídica quanto ao tratamento de conflitos para o investidor estrangeiro que necessita de tribunais com eficiência e previsão, capazes de compensar, em termos econômicos e de segurança jurídica, a rejeição de outras formas de administração dos litígios. Assim, tribunais lentos, ineptos e, por conseguinte, caros, incapazes de fixar uma jurisprudência uniforme e tomar decisões previsíveis, acabam induzindo ao tratamento de conflitos extrajurisdicionais e gerando custos adicionais que são, inexoravelmente, transferidos no preço dos empréstimos por meio de taxas de risco. Finalmente, a quarta área de atuação diz respeito aos tradicionais problemas da justiça 'corretiva' ou 'retributiva' e de acesso aos tribunais. Na tentativa de se transformar organizacionalmente, a justiça se 'desoficializou' por meios de juizados de negociação e conciliação enquanto mecanismos alternativos de tratamento dos conflitos sociais. Esses 'mecanismos alternativos' (arbitragem, conciliação, mediação...) podem ser estratégias utilizadas para tratar os conflitos sociais e interindividuais, salientando que é o próprio modelo conflitual de jurisdição que precisa ser revisto.

E conclui:

> Atualmente, ele se caracteriza pela oposição de interesses entre as partes, geralmente identificadas com indivíduos isolados, e a atribuição de um ganhador e um perdedor, no qual um terceiro, neutro e imparcial, representado pelo Estado, é chamado a dizer a quem pertence o Direito. Esse modelo é posto em xeque fazendo com que a possibilidade de repensar a jurisdição readquira consistência, partindo da ideia do consenso e da jurisconstrução, sem a intermediação de um terceiro entre as partes, conforme o modelo atual, de caráter triádico, no qual uma pessoa alheia intervém impondo uma decisão a partir da função do Estado de dizer o Direito.

Não pode o Poder Judiciário ser *descartável*, deve ser cada vez mais fortalecido, deve-se buscar mecanismos que o aprimorem, que o façam tornar-se mais e mais essencial à democracia, do contrário, buscando-se alternativas com vistas ao seu desaparecimento, estará em *xeque* a própria democracia e a soberania nacional.

5.2. O papel do juiz justo na homologação de acordos em consonância com os princípios de justiça

Após a análise de todas as formas alternativas de solução de conflitos, deve-se verificar qual a postura que o magistrado deve adotar com vistas a pôr fim ao processo judicial através da composição amigável entre as partes. Deve-se verificar até que ponto o juiz está obrigado a homologar um acordo que sabidamente retirará direitos daquele que os teve reconhecidos por forma de uma decisão judicial.

Diz Chiovenda[229] que ao magistrado, por dever ou faculdade, cabe a tentativa de conciliação entre as partes, com vistas a encerrar a lide *com uma composição processual,* a qual, segundo o autor, é *um ato processual,* tendo em vista que necessita da intervenção do juiz o qual, nessa condição, põe termo *imediatamente à relação processual,* ao passo que, uma vez realizado, não poderão mais as partes pleitear sentença de mérito sobre o mesmo processo.

Existe, pois, segundo Chiovenda, uma distinção entre composição — mesmo quando essa se dá por desistência da pretensão pelo autor ou sujeição do réu à pretensão do primeiro — de conciliação, transação, renúncia e transação homologada:

    a) da conciliação, que se efetua perante o conciliador *antes* de surgir a relação processual [...];

    b) da transação, que se efetiva *fora do processo,* a qual, por um lado, é inerente à ideia da concessão recíproca; e, de outro lado, carece do efeito de pôr fim à relação processual imediatamente;

    c) da renúncia à ação e do conhecimento da ação, que não afetam a relação processual, mas só e imediatamente a sentença de mérito [...];

    d) da transação homologada [...], na qual a intervenção do juiz, aliás obrigatória, é subsequente ao acordo.

Como dito anteriormente, cuida o presente Estudo sobre as consequências da conciliação para os fins a que se destina o processo, após o trânsito em julgado de uma determinada decisão. Com isso, faz-se necessário compreender-se o processo como instrumento de justiça, sua destinação e a importância da coisa julgada para, posteriormente, concluir-se se o princípio universal de justiça será ou não afetado por esse tipo de resolução processual.

Para alcançar-se tal finalidade, mister um estudo sobre conceitos e princípios que revestem o processo civil, em especial os utilizados por Chiovenda em sua

---

(229) CHIOVENDA, Giuseppe. *Instituições de direito Processual civil.* V. 3. Campinas: Bookseller, 1998. p. 215-216.

clássica obra *Instituições de Direito Processual Civil,* mais especificamente no volume I, sobre o qual repousarão, doravante, as considerações pertinentes ao presente Estudo.

Não há falar em processo civil sem antes conceituá-lo. Segundo Chiovenda[230], *o processo civil é o complexo dos atos coordenados ao objetivo da atuação da vontade da lei (com respeito a um bem que se pretende garantido por ela), por parte dos órgãos da jurisdição ordinária,* isto é, *no processo civil se desenvolve uma atividade de órgãos públicos destinada ao exercício duma função estatal,* em outras palavras, o processo passa a ser *um instrumento de justiça nas mãos do Estado.*

Aqui, define-se a importância da função estatal de julgar. É através do processo, seu instrumento, que o Estado, e somente ele, tem a possibilidade de realizar justiça, mediante o que no Estado Moderno convencionou-se chamar de *poder de atuar a vontade da lei no caso concreto, poder que se diz "jurisdição".*

E a *vontade concreta da lei,* segundo Chiovenda, *é aquilo que o juiz afirma ser a vontade concreta da lei* e, em assim, portanto, quando uma decisão passa em julgado, torna-se *res judicata,* ou seja, tem-se, a partir desse momento, que o *bem reconhecido ou negado pela sentença se torna indiscutível, não obstante os erros de fato e de direito que viciaram o raciocínio do juiz.*

E aqui, verifica-se a importância da coisa julgada para a segurança jurídica e para a paz social. Afirma Chiovenda que *a sentença vale como expressão de uma vontade do Estado, e não por suas premissas lógicas: estas, deve o juiz desenvolvê--las nos "motivos" para garantia dos cidadãos; mas não passam em julgado. A "coisa julgada" consiste em que o bem imediatamente ou potencialmente conseguido em virtude da sentença não deve de modo algum ser prejudicado.*

Eis aqui as inquietações que ensejaram o presente Estudo: ao afirmar Chiovenda que *o bem imediatamente ou potencialmente conseguido em virtude da sentença não deve de modo algum ser prejudicado,* entende-se que a isso não deve restringir--se somente a não possibilidade de interposição de qualquer recurso, mas, também e principalmente, que a conciliação feita após o trânsito em julgado da decisão, é causa gravíssima a ensejar o citado prejuízo ao bem conseguido através daquela decisão, a qual, a despeito de todo erro praticado ou dificuldades enfrentadas pelo juiz da causa, pretende-se seja justa, posto que proferida por um Juiz Justo, após o longo caminho de um processo justo.

Nesse processo, antes de decidi-lo, o juiz, segundo Chiovenda[231], *realiza uma série de atividades intelectuais com o objetivo de se aparelhar para julgar se*

---

(230) CHIOVENDA, Giuseppe. *Op. cit.,* v. I, p. 56-57.
(231) CHIOVENDA, Giuseppe. *Op. cit.,* v. I, p. 217.

a demanda é fundada ou infundada, e, pois, para declarar existente ou não existente a vontade concreta da lei, de que se cogita, é o que convencionou-se chamar de *cognição do juiz.*

E quem é esse juiz ao qual se sujeitam as partes? Como deve agir em busca da *concretização da vontade da lei?*

Diz Fabiana Spengler[232]:

> Diante das crises pelas quais passa o Poder Judiciário, também os juízes veem o seu papel transformado. Todavia, o aumento de poder da justiça não deve ser entendido como uma transferência da soberania do povo para o juiz, mas como uma transformação do paradigma filosófico. O aumento do poder da justiça é mais um prenúncio de uma mudança profunda em nossa democracia do que uma realidade concreta. Falar do juiz no singular como uma categoria especial só tem sentido se virmos nele um tipo ideal ao qual sua existência concreta jamais se adapta totalmente. Em outras palavras, se o vermos como sujeito que assujeita o objeto.
>
> Baseado no formalismo, o Judiciário pôde garantir independência estabelecendo sua estrita vinculação à legalidade. Essa independência judicial pode ser classificada em independência da magistratura e do juiz. A primeira diz respeito aos órgãos judiciários e ao ministério público e que corresponde à função de autogoverno do Judiciário, significando o exercício do poder de disciplinar. Já a segunda importa na garantia de que o magistrado não esteja submetido às pressões de poderes externos ou internos. Desse modo, o juiz independente não pode ser concebido como um empregado do Executivo ou do Legislativo, da corte ou do supremo tribunal. Em síntese, a independência (interna ou externa) do juiz existe como um espaço capaz de dotá-lo de independência moral para que possa decidir sem a pressão do Executivo, do Legislativo, do próprio Judiciário ou de pressões externas.

Nas palavras de Piero Calamandrei[233]:

> Não é honesto, quando se fala dos problemas da justiça, refugiar-se atrás da cômoda frase feita que diz ser, a magistratura, superior a qualquer crítica e a qualquer suspeita, como se os magistrados fossem criaturas sobre-humanas, não atingidas pelas misérias desta terra e, por isso, intangíveis.

---

(232) SPENGLER, Fabiana Marion. Tese já citada.
(233) CALAMANDREI. Piero. *Eles, os juízes, vistos por um advogado.* Tradução Eduardo Brandão. São Paulo: Martins Fontes, 2000. p. 258.

Quem se contenta com essas tolas adulações ofende a seriedade da magistratura, a qual não se honra adulando, mas ajudando sinceramente a estar à altura de sua missão.

Na realidade, os magistrados também provêm desse povo, que tem suas virtudes e seus defeitos. Cada povo, poderíamos dizer, tem a magistratura que merece. [...] Os Juízes, como todos os homens, gostam de sossego; conhecem seus deveres, mas procuram diminuir, sob o hábito, os tormentos que lhes causam. Se, para cada decisão o juiz tivesse de recomeçar a vencer a angústia da sua tremenda responsabilidade, não viveria mais: o hábito, para os juízes, é a condição do trabalho tranquilo. [...] O juiz escrupuloso, que antes de decidir pensa três vezes e talvez não durma à noite por causa das dúvidas que o assaltam, é preferível, por certo, ao juiz sempre seguro de si, que se acha infalível e, por isso, decide com desenvoltura. Mas também nos escrúpulos é bom não ir longe demais. Toda opção é um ato de coragem, e se depois de meditar longamente o juiz não souber optar, tornar-se-á um tímido que tem medo de sua responsabilidade.

Deve, portanto, este novo juiz assumir uma postura que o faça livre de pressões do próprio poder ao qual está subordinado, bem como dos demais que compõem o Estado, podendo, assim, ser capaz de atuar com total liberdade moral no exercício de seu mister, tendo, ainda, uma função criativa, sem medo ou timidez exacerbados, mas dotado de imensa responsabilidade.

Mauro Cappelletti[234] leciona que o papel criativo dos juízes, em determinado momento histórico, constitui função de muitas variáveis. Diz Cappelletti que o executivo pode estar submerso em grandes problemas de estado ou extenso número de negócios correntes; pode o legislativo, por sua vez, ser carente de pessoal necessário para prestar-lhe aconselhamento e redigir as diversas propostas legislativas, tais como assessores jurídicos dentre outros, mas as transformações são necessárias e acarretam novas condições sociais e econômicas, bem como exigem a necessidade de novas demandas. É, pois, a partir dessa realidade que surge a necessidade de um forte *dinamismo judiciário,* não sendo suficiente, com efeito, apenas provocar-se a resposta dos juízes, *pois ela dependerá, também, da capacidade de visão das profissões jurídicas — juízes, advogados, docentes e também comentadores, críticos e publicistas,* faz-se necessário buscar-se na tradição a orientação para uma modificação de comportamento, que se inicia *pela educação profissional e pela voz vigorosa de personalidades persuasivas e emergentes nos tribunais e escolas*[235].

---

(234) CAPPELLETTI, Mauro. *Juízes legisladores?* Tradução de Carlos Alberto Alvaro de Oliveira. Porto Alegre: Sérgio Antonio Fabris Editor, 1993/Reimpressão, 1999. p. 113.
(235) *Idem,* p. 112-113.

E questiona Cappelletti: que tipo de judiciário existe em determinado país e qual o seu grau de independência em relação ao executivo? Como são organizados e operam os tribunais superiores? É realístico esperar que tais cortes exerceriam, de maneira razoável, mais alto grau de discricionariedade que lhes fosse atribuído? Quais seriam as reações a tal discricionariedade e o vigor dos preconceitos contrários? Existe desequilíbrio na distribuição dos poderes e, em caso afirmativo, é realístico esperar que os juízes possam e desejem lançar, por assim dizer, o próprio peso sobre o prato da balança, para alcançar melhor equilíbrio?[236]

Visando a elucidar tais questionamentos, Cappelletti utiliza-se de um único exemplo: disse ele que sob o regime fascista, na Itália, alguns dos mais iluminados juristas procuraram preservar um bastião extremo contra a tirania do governo, justamente mediante a firme tomada de posição em favor da certeza do direito — este fato sendo entendido, essencialmente, como a lei escrita — e contra a discricionariedade administrativa e judiciária. Disse o autor que, enquanto aceitavam dessa maneira, pelo menos em teoria, o poder ilimitado na feitura das leis pelo legislador da época, reivindicavam, de outra parte, o estabelecimento de rigoroso vínculo às leis por parte da administração e tribunais. Todavia, após a queda do regime totalitário e o acolhimento, na Itália, de uma Constituição que proclama ao mesmo tempo as liberdades civis e os direitos sociais e garante, em alto grau, a independência dos juízes, um daqueles mesmos juristas adotou, ao contrário, um posicionamento bem diverso, favorável à faculdade e mesmo ao dever de se posicionarem os juízes para além da rígida aplicação literal da lei, com vistas a dar atuação à nova concepção liberal e aos programas sociais da Constituição republicana.

Cappelletti[237], ao concluir suas observações, responde à indagação de se a tarefa do juiz é interpretar ou criar o direito, posicionando-se no sentido de que o juiz, inevitavelmente, reúne em si uma e outra função, mesmo no caso — que constitui, quando muito, regra não sem muitas exceções — em que seja obrigado a aplicar uma lei preexistente. Nem poderia, diz Cappelletti, ser de outro modo, pois a interpretação sempre implica um certo grau de discricionariedade e escolha e, portanto, de criatividade, um grau que é particularmente elevado em alguns domínios, como a justiça constitucional e a proteção judiciária de direitos sociais e interesses difusos.

Há, portanto, espaço para que o juiz exerça essa função, ao mesmo tempo criativa e interpretativa, não estando obrigado a aplicar a lei preexistente. No caso do presente Estudo, a homologação de acordos por parte do juiz, a qualquer tempo, em esfera processual, vem ao encontro de tal afirmação.

---

(236) *Idem*, p. 113-116.
(237) *Idem*, p. 128-129.

5.3. A conciliação extemporânea ofende ao processo justo e à decisão justa?

É cristalino que no Brasil tem-se buscado a criação de uma série de soluções alternativas para o que convencionou-se chamar de *A Crise no Poder Judiciário*, desde a implantação dos mecanismos de soluções alternativas de conflitos, até, e em especial a criação do chamado *Controle Externo do Poder Judiciário*, surgido com a Emenda Constitucional n. 45, de 2004. Tais tentativas, algumas bem-sucedidas, outras nem tanto, têm esquecido, ou ao menos, deixado de lado, a verdadeira função do Poder Judiciário, ou melhor, a verdadeira função do juiz.

Owen Fiss[238] denomina de *adjudicação, o processo social por meio do qual os juízes dão significado aos valores públicos.* Lecionando sobre a reforma estrutural norte-americana, Fiss assevera que *o processo judicial de caráter estrutural é aquele no qual um juiz, enfrentando uma burocracia estatal no que tange aos valores de âmbito constitucional, incumbe-se de reestruturar a organização para eliminar a ameaça imposta a tais valores pelos arranjos institucionais existentes. Essa injunction é o meio pelo qual essas diretivas de reconstrução são transmitidas.*

Parece encontrar-se o Brasil diante de uma profunda crise entre princípios que regem a Constituição Federal promulgada em 1988: de um lado os princípios da dignidade da pessoa humana e dos valores sociais e, de outro, o princípio da duração razoável do processo (ver artigos da constituição). Embora princípios de estatura constitucional que deveriam caminhar em um mesmo sentido, o que se vê é exatamente o contrário, isto é, em observância a este último, o que importa é pôr fim ao processo o mais rápido possível, observando-se ou não os requisitos processuais impostos aos respectivos ritos, pouco ou nada importando se uma decisão judicial alcançou ou alcançará seu objetivo maior que é a concretização do princípio universal de justiça. O que importa é que o processo se encerre rápido e as "metas" estabelecidas para o Poder Judiciário por seu órgão fiscalizador sejam cumpridas.

Assim, se o juiz se depara com uma situação em que a execução será demorada, impõe-se a esse magistrado que homologue um acordo, aceite uma transação, que não mais se dará no campo do direito material, mas terá por objeto uma decisão transitada em julgado. Um acordo a qualquer tempo tornou-se mais importante do que uma decisão justa, pois assim está sendo controlado o Poder Judiciário.

Onde, então, repousa a importância dos *valores públicos* apregoada por Fiss?

Estando esses valores inscritos no texto constitucional, devem se fazer prevalecer através da atividade do juiz, cuja função, segundo Fiss é *conferir significado concreto*

---

(238) FISS, Owen. *Um novo processo civil* — estudos norte-americanos sobre jurisdição, constituição e sociedade. Capítulo I — As forma de justiça. São Paulo: Revista dos Tribunais, 2004. p. 26-27.

e aplicação aos valores constitucionais e nesse contexto, deve o juiz ter uma posição menos passiva em relação às partes onde, confiando a elas o protagonismo das ações que se desenvolvem através do processo, acaba por simplesmente ter por obrigação declarar qual delas tem razão. Ao contrário, sabendo das diferenças que envolvem as partes de um processo, seja por critérios étnicos, culturais, sociais ou financeiros, deve o juiz trazer para si o papel de protagonista na demanda, agindo com a finalidade de dar iguais oportunidades aos litigantes[239].

A justiça, e em consequência o juiz — são convocados para apaziguar este *mal-estar* do indivíduo moderno em sofrimento. Para isso, deve o juiz cumprir uma nova função a qual se convencionou chamar, ao longo de todo o século passado, de *magistratura do sujeito*[240]. A justiça tem por obrigação multiplicar as suas ações intervenções, desafio mais do que difícil de ser cumprido, porém, deve estar atenta às novas solicitações provenientes da sociedade. *Quer a submetamos a questões morais perigosas, como aquelas relativas à bioética ou à eutanásia, ou lhe peçamos para atenuar a ruína de um laço social debilitado nos indivíduos excluídos, ela é intimada a fazer justiça numa democracia simultaneamente inquieta e desencantada.*

O novo papel do juiz, portanto, consiste em enfrentar desafios na aplicação correta do direito — não especificamente do texto da lei — visando à busca incessante da justiça. *A justiça é o único valor capaz de julgar a ordem e a segurança, dando-lhe as suas justas medidas, de modo a poder ser estabelecida a paz social justa.* Essa a justiça, como conceituado por Paulo Dourado de Gusmão e já citado em capítulo anterior, que se busca pelo processo justo.

E essa justiça, que deve ser incessantemente buscada pelo juiz através do instrumento da hermenêutica, por meio da interpretação dos princípios constitucionais e processuais, mas, principalmente, do princípio universal de justiça. *A arte da interpretação, em sua compreensão mais ampla é a ciência das regras através de cuja observância os significados podem ser reconhecidos por seus sinais; a arte da interpretação, em sua compreensão mais restrita, é a ciência das regras que se deve observar quando se quer conhecer o sentido a partir do discurso e expô-lo aos outros" (GRODIN, 1999:107)*, conforme mencionado no capítulo pertinente ao tema.

Assim, deve o juiz, aquele ao qual chamou-se mais acima de intérprete, criativo, responsável e independente, agir com uma única finalidade: alcançar a justiça. Mas será que um acordo, após o trânsito em julgado de uma decisão alcança esta finalidade? O juiz estaria obrigado a homologá-lo, utilizando-se exclusivamente a letra da lei — art.125, inciso IV, do CPC, que atribui ao juiz o dever de *tentar a qualquer tempo conciliar as partes* e, no processo do trabalho é *lícito às partes*

---

(239) *Idem*, p. 36 e 58.
(240) ALLARD, Julie; GARAPON. Antoine. *Os juízes na mundialização* — a nova revolução do direito. Lisboa: Instituto Piaget, 2006. p. 147.

celebrar acordo que ponha termo ao processo, ainda mesmo que depois de encerrado o juízo conciliatório, conforme determina o § 3º, do art. 764, da CLT?

Pede-se licença para que se possa utilizar dos estudos de Owen Fiss, em obra já citada, desta feita em seu Capítulo III, intitulado *Contra o Acordo,* com vistas a dar sustentação à tese que ora se pretende defender[241]. O texto em questão será apreciado em seu todo, por ser de fundamental importância para a conclusão do presente Estudo, sendo todas as citações aqui mencionadas retiradas do mencionado texto, minimizando-se o número de citações desnecessárias.

Embora tratem da conciliação e do acordo em momentos distintos no âmbito processual, o presente Estudo e Capítulo de Owen Fiss, intitulado *Contra o acordo,* guardam imensa semelhança face sua preocupação com o alcance do princípio universal de justiça. Enquanto Fiss direciona suas críticas ao denominado ADR's — *Alternative Dispute Resolution* — Solução Alternativa de Controvérsia, repousam as considerações da presente tese sobre os prejuízos inerentes ao acordo judicial ou extrajudicial firmado após o trânsito em julgado de uma decisão. Como dito, a semelhança entre as duas teorias tem os mesmos fundamentos, os quais doravante serão expostos em consonância com o texto de Fiss.

Inicia o processualista, suas considerações, atentando para o fato de que no ano de 1983, em *relatório enviado aos diretores de Harvard, Derek Bok solicitou uma nova orientação para o ensino jurídico.* Segundo Bok, havia a necessidade de dar-se um novo horizonte para *currículo jurídico no sentido de que as Faculdades de Direito orientassem seus alunos para as práticas amigáveis da conciliação e do acordo.* Segundo Fiss, na verdade, o que pretendia Bok era *desviar nossa atenção das cortes para novos mecanismos voluntários de solução de controvérsias,* isto é, criar um novo movimento no direito, conhecido como ADR — *Alternativa Dispute Resolution* (Solução Alternativa de Conflitos).

Cabe destacar que em entrevista recente, ao tomar posse na Presidência do Tribunal Superior Eleitora, a Ministra do Supremo Tribunal Federal, Cármen Lúcia, repetiu tal afirmação, o que demonstra não ser essa apenas uma preocupação em outros países, como nos Estados Unidos, mas uma corrente muito forte entre Ministros da Corte Superior e outros doutrinadores do Direito pátrio.

Em defesa de sua teoria, Fiss assevera que os defensores da ADR apoiam tal medida e exaltam a ideia do acordo com maior frequência, porque consideram a adjudicação[242] *um processo para solucionar controvérsias.* Segundo Fiss, esses defensores da ADR:

---

(241) FISS, Owen. *Op. cit* — Capítulo III — Contra o acordo. p. 121-145.
(242) Leciona Fiss (*Op. cit.,* Capitulo I — As formas de Justiça — NT1, p. 26) que "*Adjudication* é a forma usual na literatura de língua inglesa para designar a atividade realizada pelo Judiciário na solução de conflitos. Não obstante o vocábulo correspondente em português seja mais utilizado nas relações de posse e propriedade (e. g., a "adjudicação compulsória"), é correta na sua extensão para o sentido utilizado na língua inglesa. O Juiz, ao julgar um determinado caso, aplica a norma ao caso concreto adjudicando — isto é, atribuindo — uma solução, entre outras possíveis, para a controvérsia em questão".

Agem como se as cortes tivessem surgido para solucionar conflitos entre vizinhos que chegaram a um impasse e voltaram-se a um estranho para ajudá-los. As cortes são vistas como a institucionalização desse 'estranho' e a adjudicação como o processo pelo qual o 'estranho' exerce o Poder. O próprio fato de os vizinhos procurarem alguém para solucionar a controvérsia significa um rompimento de suas relações sociais; os defensores da ADR reconhecem isso, mas, no entanto, esperam que os vizinhos sejam capazes de chegar a um entendimento antes da solução da controvérsia pelo estranho. Esse entendimento é o acordo. É mais uma trégua do que uma verdadeira conciliação, mas parece preferível ao julgamento, pois se baseia no consentimento de ambas as partes e evita os custos de um moroso julgamento.

Como asseverou Fiss, *o próprio fato de os vizinhos procurarem alguém para solucionar a controvérsia significa um rompimento de suas relações sociais*, isto quer dizer, em síntese que não tiveram condições de natureza emocional, física, financeira, ou de qualquer outra natureza, de resolver o conflito que entre eles se instalou, necessitando da decisão de um "estranho", o juiz, para pôr fim ao desentendimento. Mas um fato é incontroverso: houve *um rompimento de suas relações sociais*.

Aqui a primeira semelhança entre o pensamento de Fiss e o Estudo ora elaborado: para ambos, *essa visão de adjudicação e o movimento favorável ao acordo baseiam-se em premissas questionáveis*. Diz Fiss *não acreditar que o acordo, como prática genérica, seja preferível ao julgamento ou deva ser institucionalizado em uma base extensa e ilimitada*. Para ele, assim como para o presente Estudo, *deveria ser tratado, ao contrário, como uma técnica problemática para a simplificação dos* dokets, que são *os registros de vários incidentes processuais ocorridos durante o desenvolvimento do processo*, os quais, se abreviados pelo acordo, não dão a garantia de que a justiça tenha sido feita.

Por outro lado, uma decisão transitada em julgado, que se espera tenha sido proferida por um Juiz Justo, após percorrer um longo caminho processual, que venha a ser desfeita por força de uma conciliação ou de um acordo é, na visão deste magistrado, a certeza de que a justiça deixou de ser feita, tendo em vista a total desigualdade das partes na relação jurídico-processual.

E esta afirmação também encontra amparo nos ensinamentos de Fiss que leciona ser o acordo, também, *um produto dos recursos de que dispõem cada uma das partes para financiar o processo judicial, sendo certo que tais recursos são, frequentemente, distribuídos de maneira desigual,* influenciando o acordo de três formas:

> Primeiro, a parte mais pobre pode ser menos possível de reunir e analisar as informações necessárias à previsão da decisão em litígio, o que a

deixaria em desvantagem no processo de negociação. Segundo, pode necessitar, de imediato, da indenização que pleiteia e, desse modo, ser induzida à celebração de um acordo como forma de acelerar o pagamento, mesmo ciente de que receberá um valor inferior ao que conseguiria se tivesse aguardado o julgamento. [...] Terceiro, a parte mais pobre pode ser forçada a celebrar um acordo em razão de não possuir os recursos necessários para o financiamento do processo judicial, o que inclui tanto as despesas previstas como, por exemplo, honorários advocatícios, quanto aquelas que podem ser impostas por seu oponente por meio da manipulação de mecanismos processuais como o da instrução probatória. Aparentemente, o acordo beneficia o autor da ação, permitindo-lhe evitar os custos do processo judicial, mas isso não é verdade. O réu pode calcular as despesas que o autor teria se o caso tivesse ido a julgamento e diminuir sua proposta no valor dessa quantia. O autor muito pobre é uma vítima dos custos do processo, mesmo quando aceita fazer o acordo.

Entre as três questões suscitadas por Fiss, a que mais se adequa à tese ora apresentada é a segunda — *pode necessitar, de imediato, da indenização que pleiteia e, desse modo, ser induzida à celebração de um acordo como forma de acelerar o pagamento, mesmo ciente de que receberá um valor inferior ao que conseguiria se tivesse aguardado o julgamento*.

Em razão de sua necessidade, e sabendo que um longo caminho ainda há por percorrer, por força da fase de execução que ainda está por se iniciar, ou mesmo que já se iniciou, sem qualquer prazo para encerrar-se, a parte menos favorecida no processo, aceita o acordo, abrindo mão de parte que lhe fora reconhecida como de Direito para, o quanto antes, receber um pequeno valor que lhe assegure ver terminada a demanda. Não bastasse esse prejuízo com o pagamento de um pequeno quinhão, a parte ainda terá que dispor de boa parte desse valor para honrar com o pagamento dos honorários de seu advogado.

O que se tem, portanto, é o seguinte quadro: dois vizinhos, não tendo condições de resolver seus conflitos, solicitam que um "estranho" decida por eles; após essa decisão, aquele que obteve êxito na demanda, mas desfavorecido perante o outro, aceita abrir mão de parte do que o "estranho" declarou ser seu de direito, para receber logo e pôr fim à demanda.

Indaga-se: foi feita justiça? Deixou de existir entre os litigantes o *rompimento de suas relações sociais*?

Entende-se que não.

O autor de uma ação contra a Fazenda Pública que faz jus, por força de uma decisão passada em julgado, ao pagamento de um montante que supera sessenta salários mínimos é obrigado a entrar na fila para o recebimento de seu crédito por força da expedição de um precatório, conforme preceitua o art. 100, da Constituição Federal de 1988. Procurado pelo ente público, aceita um acordo e abre mão do Direito que o Estado/Juiz assegurou-lhe, e sobre o qual não pode mais haver discussão, para receber apenas parte desse crédito e não precisar aguardar o pagamento pela via do precatório, certamente não recebeu Justiça.

Neste particular, defende Fiss que:

> [...] ao deparar-se com um acordo celebrado pelas partes, uma corte não pode prosseguir (ou prosseguir até muito longe) no andamento do processo. Ser contra o acordo não é existir que as partes sejam "forçadas" a litigar, posto que isso interferiria em sua autonomia e distorceria o processo de adjudicação; as partes estão propensas a convencer a corte de que a transação é justa. Ser contra o acordo é apenas sugerir que quando as partes celebram um acordo a sociedade obtém menos do que parece, por um preço que não sabe que está pagando. [...] Não obstante o fato de as partes estarem preparadas para viver sob as condições acordadas e embora tal coexistência pacífica possa constituir um pré-requisito necessário da justiça, cuidando-se de uma situação a ser avaliada, não há propriamente justiça. Celebrar um acordo significa aceitar menos do que o ideal.

E o ideal é, nada mais, nada menos, do que o Direito reconhecido pelo Estado/Juiz através de uma decisão sobre a qual não se possa mais discutir. Assim, celebrar um acordo, após o trânsito em julgado dessa decisão é, nas palavras de Fiss, *aceitar menos que o ideal*.

O Juiz Justo de que tanto se falou no presente Estudo não pode sentir-se *aliviado* por homologar um acordo e ver mais um caso *resolvido*. O Juiz Justo deve sentir-se frustrado porque depois de tantas horas despendidas no processo levado ao seu conhecimento, depois de tanto esforço para encontrar a *vontade da lei*, depois de uma desgastante instrução processual, após proferir uma decisão sobre a qual as partes conciliarão, terá a certeza, nesse momento, de não ter sido feita a justiça.

Ao contrário do que apregoam os árduos defensores do art. 125, inciso IV, do CPC e dos que defendem o termo final do processo a qualquer custo, entende-se que esse tipo de conciliação, realizada não mais sobre o direito material discutido, mas sobre uma decisão transitada em julgado, ao contrário de estarem colaborando com a redução do número de processos distribuídos por todas as esferas do Poder Judiciário, estão trabalhando em prol do aumento cada vez maior e mais veloz de novos processos, tendo em vista que não haverá respeito aos princípios da segurança jurídica nem da coisa julgada e prevalecerá sobre os princípios da dignidade da pessoa humana e dos valores sociais, em favor de um único princípio que parece indiscutível, intocável, intransigível, o princípio da duração razoável do processo.

Através da atividade do juiz, cuja função, segundo Fiss, *é conferir significado concreto e aplicação aos valores constitucionais,* entende-se que o acordo, após o trânsito em julgado de uma sentença, nos dizeres do próprio Fiss, é *um substituto pobre para o julgamento; é um substituto ainda mais pobre para a retirada da jurisdição.*

Aqui a importância da hermenêutica de Gadamer, já apresentada em capítulo que discorre sobre o tema. Neste particular, como ali dito:

> O modelo da hermenêutica jurídica mostrou-se, pois, efetivamente fecundo. Quando se sabe autorizado a realizar a complementação do direito, dentro da função judicial e frente ao sentido original de um texto legal, o que faz o jurista é exatamente aquilo que ocorre em qualquer tipo de compreensão. [...] será sempre possível conceber como tal a ordem jurídica vigente, o que significa reelaborar dogmaticamente qualquer complementação jurídica feita à lei. Entre a hermenêutica jurídica e a dogmática jurídica existe pois uma relação essencial, na qual a hermenêutica detém a primazia. A ideia de uma dogmática jurídica perfeita, sob a qual se pudesse baixar qualquer sentença como um simples ato de subsunção, não tem sustentação. (M. I, 433)

Como se viu anteriormente, a lei autoriza o juiz a tentar a conciliação a qualquer tempo — art. 125, inciso IV, do CPC, mas cabe a ele, juiz, na qualidade de intérprete, *realizar a complementação do direito, dentro da função judicial e frente ao sentido original de um texto legal.*

Acordar sobre uma decisão judicial que lhe foi favorável, abrindo mão de parte do que o Estado lhe reconheceu como direito, faz o homem agir injustamente consigo mesmo. É o que diz Aristóteles, conforme já antes mencionado: se quem age injustamente é o homem que dá a um outro uma parte superior a que cabe a este, ou se é o que aceitou o quinhão excessivo; e se é possível um homem agir injustamente em relação a si mesmo. Na verdade, as duas questões se relacionam, pois, se age injustamente aquele que deu a outro parte maior do que lhe cabia, agiu injustamente consigo mesmo, pois, deixou de possuir a parte total que lhe cabia, desde que tenha agido desta forma, com absoluto conhecimento de causa, ou seja, voluntariamente. E afirma que os atos justos ocorrem entre pessoas que participam de coisas boas em si mesmas e podem tê-las em excesso ou de menos. Para alguns, tais coisas nunca serão excessivas (como os deuses, certamente); para outros — os incuravelmente maus — nem mesmo a mínima parte será benéfica, mas todos os bens dessa espécie são nocivos; e para outros são benefícios dentro de certos limites. Por conseguinte, a justiça é algo essencialmente humano.

Portanto, o Juiz Justo não deve acomodar-se com *mais um caso solucionado* através de um acordo que afronte a coisa julgada, mas impedir que um homem prejudique a si mesmo, abrindo mão daquilo que lhe fora assegurado por uma sentença justa.

A conciliação, portanto, após o trânsito em julgado de uma decisão judicial ofende ao princípio universal de justiça, é a conclusão do presente Estudo.

CONSIDERAÇÕES FINAIS

Uma enorme evolução, com profundas transformações, vem sofrendo O Poder Judiciário no Brasil, ao longo de tantas Constituições, o que, parece, não ter surtido, ainda, o efeito desejado. Chegou-se a construir a chamada "Reforma do Poder Judiciário" através da Emenda Constitucional n. 45, instituindo-se, dentre outras criações, o "Controle Externo do Poder Judiciário", cuja finalidade primeira parece ser a de dar uma resposta imediata à sociedade, com a redução do número de processos em tramitação perante as diversas esferas do Poder Judiciário por todo o país.

O processo tornou-se um tormento, os jurisdicionados apenas números e o processo foi definitivamente esquecido para entrar em cena a solução rápida do conflito. O *Julgamento Antecipado da Lide* tornou-se a solução salomônica para todos os problemas que assolam o Poder Judiciário. Metas refletem o objetivo, a Justiça, a Utopia.

Conciliar a qualquer custo, eis o objetivo. *Semana Nacional da Conciliação, Semana Nacional da Conciliação em Processos de Execução* e tantas outras semanas com a mesma finalidade. Não se viu até o momento a criação da Semana da Justiça, a Semana do Direito, pois, ao que parece, estes ficaram relegados a um segundo plano, ou seja, primeiro encerra-se o processo, reduz-se o número de demandas nos tribunais, premia-se àqueles que mais puseram termo aos processos para depois, se possível, verificar-se se foram alcançados os princípios universais de justiça.

Aquele exemplo utilizado na introdução do presente Estudo reflete exatamente o que se está a defender ao longo de todo o trabalho ora apresentado. *Desista de setenta por cento do que o Estado lhe reconheceu como devido, e aguarde um tempo menor para receber seu dinheiro.* Este é o acordo após o trânsito em julgado da decisão.

Como trabalhado no capítulo pertinente ao tema, asseverou Owen Fiss que há recursos de que dispõe cada uma das partes para financiar o processo judicial, sendo certo que tais recursos são, frequentemente, distribuídos de maneira desigual, e esses recursos influenciam o acordo de três formas, dentre as quais se elegeu a segunda delas como a apropriada para a defesa da presente tese. Como dito no capítulo pertinente, essa terceira questão versa sobre a necessidade imediata de uma das partes receber a indenização em valor inferior ao pretendido, sendo induzida à celebração do acordo, como forma de acelerar o pagamento, mesmo tendo ela ciência de que o valor será inferior àquele que conseguiria se tivesse aguardado o julgamento ou, no caso do presente ensaio, se tivesse aguardado o cumprimento definitivo da sentença passada em julgado.

Por outro lado, inúmeros mecanismos alternativos de solução de conflitos foram implementados, mas, diante de seu alto custo e de algumas deturpações que alguns deles vêm sofrendo, não alcançaram, ao que parece, a finalidade do irrestrito acesso à justiça.

Quanto ao elevado custo, falou-se da Arbitragem, a qual, segundo os doutrinadores especializados, encontra dificuldade porque destinada a uma pequena parcela da população, tem condições financeiras de arcar com seus altos custos.

No que pertine à deturpação de conceitos e objetivos, um dos exemplos citados das Comissões de Conciliação Prévia, instituída pela da Lei n. 9.958, de 12.1.2000, a qual também não resultou em solução, tendo em vista que ali, após concluída a conciliação, a parte deverá pagar pelos serviços prestados por tal órgão, enquanto que no Processo do Trabalho, apenas ao final do processo, se falará de custas, sendo que ao hipossuficiente caberá os benefícios da justiça gratuita, o que não ocorre na primeira hipótese.

Citaram-se, ainda as diversas denúncias contra tais comissões, as quais, hoje, vêm servidas de órgãos de homologação de rescisões contratuais, como bem salientado no artigo da Dra. Maria José Bighetti Ordoño, Juíza Titular da 52ª Vara do Trabalho de São Paulo, intitulado: Comissão de conciliação prévia: Solução ou coação? *Juíza testemunha tentativa do Sindicato dos Metalúrgicos de São Paulo de obrigar empregados demitidos a aceitarem um falso "acordo" para efetivar a rescisão.*

Outro exemplo de deturpação de conceitos versa sobre o importante mecanismo da Mediação, a qual, ao ser posta como obrigatória, sobre este aspecto, Dalla e Michele identificaram que a *Mediação Obrigatória* perde sua essência de voluntária, deixando de respeitar a autonomia da vontade das partes, admitindo-se até que seja incentivada a prática mediativa por um juiz, mas é descabida qualquer pretensão de torná-la obrigatória, prévia ou incidentalmente à demanda judicial.

Como se vê, até aqui nenhum mecanismo ou mesmo criação legislativa foi suficiente para solucionar os problemas do Poder Judiciário, dando à sociedade a resposta por ela almejada.

Nova alteração, desta feita com a inserção do princípio da duração razoável do processo no corpo da Constituição Federal, com *status* de garantia fundamental, ainda não encontrou seu verdadeiro alcance, vez que até o momento não se conseguiu concluir qual, efetivamente, é o tempo razoável para a duração de um processo.

No meio de toda essa falta de alternativas e de estrutura encontra-se o juiz, que tem por obrigação prestar a efetiva jurisdição. Somente ele, o juiz, será capaz de modificar a situação de total incerteza jurídica e de conflitos sociais distribuídos diariamente a todas as esferas judiciárias.

São esses os pilares da investigação proposta no início dos trabalhos, que teve por objetivo demonstrar a evolução do Poder Judiciário no Brasil, através de todas as Constituições, desde a de 1924 até a Constituição Federal de 1988, bem como traçar um perfil do Juiz Justo em busca de uma decisão justa, de acordo com os preceitos de justiça alicerçados em Aristóteles, para garantir ao cidadão que, ao acionar o Poder Judiciário, possa exigir deste uma efetiva prestação jurisdicional.

Como dito anteriormente, somente através de uma aplicação correta dos Direitos e Garantias fundamentais, bem como dos Princípios Constitucionais, em especial o Princípio da Dignidade da Pessoa Humana, bem como pela higidez da decisão justa, será possível adentrar-se, definitivamente, na era do Estado Constitucional.

Não há mais lugar, entende-se, para decisões judiciais, ou mesmo alternativas processuais, que visem única e exclusivamente a pôr fim a uma ação. A decisão de um juiz deve dizer àquele que buscou a prestação jurisdicional se tem ou não direito ao bem pretendido, se é ou não detentor do direito que entende tenha sido lesado. O Estado/Juiz deve, através das decisões fundamentadas nos Princípios Constitucionais, construir um novo direito, fazendo com que este repercuta por toda a sociedade e não apenas prevaleça sobre os litigantes. Para isso, para que a sociedade tenha a convicção de que as decisões judiciais espelhem vontade da lei, o Poder Judiciário tem por objetivo fazer cumprir tais decisões, as quais, após passarem em julgado, não deverão mais ser modificadas e sobre elas não se poderá conceber mais qualquer tipo de conciliação, pois esta, certamente, porá em dúvida a efetiva prestação jurisdicional.

Em uma determinada Sessão de Audiência, antes de iniciar a instrução processual, o Magistrado perguntou aos ilustres advogados que representavam os litigantes sobre a possibilidade de um acordo, quando subitamente respondeu-lhe o patrono do reclamante: *Não, doutor, nós vamos esperar sua decisão para fazer o acordo na fase de execução, porque é mais fácil receber da empresa.*

Diante de tal resposta, foi necessário refletir-se sobre os valores de uma decisão judicial, sobre os conceitos de justiça distributiva e corretiva de Aristóteles, sobre o que é justo ou injusto para Thomas Hobes, para posteriormente responder ao causídico:

> O que pretende a conciliação é um acordo enquanto o direito material é dúbio, ainda não foi definido, não há decisão sobre ele, o processo sequer foi instruído, não houve coleta de provas, não houve ainda uma decisão. Realizar o acordo na fase executória é abrir mão de alguns direitos já reconhecidos pelo Estado — alguns deles irrenunciáveis — e

conciliar não mais sobre tais direitos, mas sobre uma decisão judicial, prolatada após a concretização de um processo justo.

Sobre o processo, falou-se em Chiovenda, que, ao conceituá-lo, disse ser *o complexo dos atos coordenados ao objetivo da atuação da vontade da lei (com respeito a um bem que se pretende garantido por ela), por parte dos órgãos da jurisdição ordinária*, isto é, *no processo civil se desenvolve uma atividade de órgãos públicos destinada ao exercício duma função estatal*, em outras palavras, o processo passa a ser *um instrumento de justiça nas mãos do Estado*.

Através de Chiovenda, concluiu-se pela importância da função estatal de julgar, sendo através do processo, seu instrumento, que o Estado, e somente ele, tem a possibilidade de realizar justiça, mediante, o que no Estado Moderno convencionou-se chamar de *poder de atuar a vontade da lei no caso concreto, poder que se diz "jurisdição"*.

É sobre essa vontade concreta da lei, afirmada pelo juiz que, torna-se *res judicante*, após a decisão receber o manto da coisa julgada, que o bem reconhecido ou negado pela sentença se torna indiscutível, não obstante os erros de fato e de direito que viciaram o raciocínio do juiz.

Tornar-se *indiscutível*, no entender do próprio Chiovenda, quer dizer que a "coisa julgada" consiste em que o bem imediatamente ou potencialmente conseguido em virtude da sentença não deve de modo algum ser prejudicado.

Não há espaço para aplicação da lei pura e simples, sem se considerar os valores e princípios que nortearam o legislador quando de sua elaboração. Não há falar em direito sem justiça, não há falar em justiça sem Constituição, não há falar em Constituição sem princípios, não há falar em princípios sem Dignidade da Pessoa Humana.

No Estado Democrático Contemporâneo, a eficácia concreta dos direitos constitucionalmente assegurados depende da garantia da prestação de uma tutela jurisdicional efetiva, porque sem ela o titular do direito não dispõe da proteção necessária do Estado ao seu pleno gozo.

A tutela jurisdicional efetiva é, portanto, não apenas uma garantia, mas, ela própria, também um direito fundamental, cuja eficácia irrestrita é preciso assegurar, em respeito à própria dignidade humana. A tutela jurisdicional só se concretiza quando a decisão judicial é cumprida em sua integralidade e isso não ocorrerá sem que haja um total respeito à coisa julgada, isto é, sem que se garanta ao detentor de um direito, assim assegurado através de uma decisão justa transitada em julgado, o pleno exercício de tal direito.

Conclamando, mais uma vez os conceitos de Aristóteles, tem-se agora a certeza de que a justiça é aquela disposição de caráter que torna as pessoas propensas a fazer o que é justo, que as faz agir justamente e a desejar o que é justo; e de modo análogo, a injustiça é a disposição que leva as pessoas a agir injustamente e a desejar o que é injusto.

Portanto, espera-se seja o juiz justo aquele que, valendo-se de sua humanidade, de seus princípios morais, éticos e de dignidade, busque a verdade a fim de entregá-la à sociedade sob a forma de justiça, pelo processo. É como dito anteriormente por Nalini, já citado, o Juiz Justo tem de interessar-se pelo semelhante, condoer-se de alheio sofrimento, ter vontade de trabalhar, humildade e espírito público.

Não é o processo uma estatística; não é o jurisdicionado um número. Não é o Poder Judiciário um campo de competição, onde vence e é premiado aquele que mais *encerra processos*. O Poder Judiciário deve ser, se se espera viver em um verdadeiro Estado Democrático de Direito, o verdadeiro refúgio de uma sociedade multifacetada que cria novos conflitos a cada dia.

A tese do presente Estudo, portanto, repousa na possibilidade de o juiz, mesmo em desacordo com o texto legal, deixar de homologar qualquer tipo de acordo ou conciliação, após a sentença receber o manto da coisa julgada.

O processo judicial, ou por assim dizer, o processo justo possui uma série de regras mínimas a que se convencionou chamar de *garantias fundamentais do processo*, universalmente acolhidas em todos os países que instituem a dignidade da pessoa humana como um dos pilares do Estado Democrático de Direito.

Na Constituição brasileira, esse processo humanizado e garantístico encontra suporte principalmente nos incisos XXXV, LIV e LV do art. 5º, que consagram as garantias da inafastabilidade da tutela jurisdicional, do devido processo legal, do contraditório e da ampla defesa. As garantias fundamentais abrangem em princípio tanto o Processo Civil quanto o Penal, o Trabalhista, o Eleitoral etc. Interessa a este Trabalho, principalmente, o Processo Civil, o que leva a estar-se mais atento às consequências que a implementação das garantias terá sobre ele.

Há que se garantir acesso amplo à justiça por todos os cidadãos, o que torna inafastável que o julgamento se faça por um juiz natural, independente e imparcial, bem como imprescindíveis os princípios da ampla defesa, do contraditório, da oralidade, do livre convencimento do juiz quando da apreciação das provas, da busca pela verdade real, da finalidade social da lei, além de respeito à coisa julgada como princípio fundamental à segurança jurídica.

Mister que as partes devam ser tratadas com igualdade, de tal modo que desfrutem concretamente das mesmas oportunidades de sucesso final, em face das circunstâncias da causa. Para assegurar a efetiva paridade de armas o juiz deve suprir, em caráter assistencial, as deficiências defensivas de uma parte que a coloquem em posição de inferioridade em relação à outra, para que ambas concretamente se apresentem nas mesmas condições de acesso à tutela jurisdicional dos seus interesses. Essa equalização é particularmente importante quando entre as partes exista relação fática de subordinação ou dependência, como nas relações de família, de trabalho, de consumo.

O processo somente constituirá garantia da tutela efetiva dos direitos se for capaz de dar a quem tem direito tudo aquilo a que ele faz jus de acordo com o ordenamento jurídico. Por isso, a moderna concepção da efetividade do processo impõe o adequado cumprimento das sentenças judiciais, inclusive contra a Administração Pública, a oportuna proteção das situações jurídicas suficientemente fundamentadas contra os riscos da demora na prestação jurisdicional (tutela da urgência ou tutela cautelar) e a tutela específica do direito material, especialmente no âmbito das obrigações de dar coisa certa, de fazer e não fazer.

Daí a necessidade de citar-se o conceito de justiça para Aristóteles, segundo o qual é a justiça aquela disposição de caráter que torna as pessoas propensas a fazer o que é justo, que as faz agir justamente e a desejar o que é justo, o que, com efeito, somente poderá ser aplicado ao caso concreto pelo homem justo e, consequentemente, pelo Juiz Justo.

Tem-se, portanto, que a efetiva prestação jurisdicional tem como alicerce o respeito à coisa julgada, cabendo ao Juiz Justo utilizar-se daquilo que Gadamer chamou de *círculo hermenêutico* — o qual se efetiva em três momentos fundamentais, quais sejam, compreender, interpretar e aplicar —, como modo de concretização dos princípios universais de justiça.

Fazer o que é justo, agir justamente e desejar o que é justo é obrigação do Juiz Justo. Encontrar, por intermédio da hermenêutica, o caminho para a aplicação dos princípios universais de justiça e respeito à coisa julgada representa o início da concretização de que é possível que os princípios do Processo Civil harmonizem-se com os princípios de justiça.

O objetivo, portanto, ao defender-se a higidez da Decisão Justa — tese do presente Estudo — é a reconstrução do Poder Judiciário — a tese da tese —, sua independência perante os demais Poderes e o respeito por parte de toda a sociedade que deposita no Juiz Justo sua esperança de paz social e segurança jurídica.

O processo justo, portanto, ultrapassa os princípios já aqui nomeados e que norteiam o processo civil, encontrando hoje repouso no texto Constitucional. O processo para ser justo precisa concluir-se com a efetiva prestação jurisdicional, o que somente será possível se o Estado criar mecanismos para impedir que, após o trânsito em julgado de uma decisão, sobre ela venham as partes a conciliar. Assim, e somente assim, o Poder Judiciário retomará sua história de evolução e de independência.

Não há mais lugar para que o juiz esconda-se por debaixo da Toga e que um humilde caboclo do interior do Brasil seja impedido de dirigir-lhe a palavra, pelo simples fato de não estar trajado *adequadamente*.

Não há mais lugar para que a ausência de um fundamento legal dentro do ordenamento jurídico seja impedimento para que um juiz deixe de reconhecer e garantir estabilidade no emprego a um trabalhador atingido pelo vírus da AIDS.

Não há mais lugar para acordos firmados após o trânsito em julgado de uma decisão, através do qual o rico fica mais rico e o pobre mais pobre.

Se se deseja realmente mudar a estrutura do Poder Judiciário. Se é anseio do legislador colaborar com a melhoria das condições de vida do povo brasileiro. Se é finalidade de toda a magistratura ver reconhecido e respeitado seu trabalho, há que se ter em mente a necessidade de se fazer cumprir as decisões judiciais de forma implacável.

Não são as *Semanas Nacionais de Conciliação* que trarão os resultados esperados. Não é o *Julgamento Antecipado da Lide* que resolverá o problema da aplicação do princípio da duração razoável do processo. Não são as metas estabelecidas pelo órgão responsável pela fiscalização do Poder Judiciário que trará a paz social.

É necessário uma busca incessante pela aplicação dos princípios universais de Justiça, em todas as semanas, em todos dias de trabalho, em todas as salas de audiências e isso somente se dará por meio de uma mudança de mentalidade que se deve iniciar no corpo da própria Magistratura.

Não se espere soluções de fora para dentro. Não há interesse em que o Poder Judiciário volte a ter lugar de destaque perante a sociedade. As alternativas até aqui encontradas, ao longo de todas as Constituições brasileiras, foram insuficientes, isso é fato. Deve-se pensar um novo Judiciário a partir da realização integral da justiça, por forma do cumprimento implacável de suas decisões.

Higidez da Decisão Judicial Justa como forma de reconstrução de um Poder Judiciário forte diante do Estado Democrático de Direito. Este é desafio.

REFERÊNCIAS BIBLIOGRÁFICAS

ALLARD, Julie; GARAPON, Antoine: *Os juízes na mundialização* — a nova revolução do direito. Lisboa: Instituto Piaget, 2006.

ANDRADE, Lédio Rosa de. *Juiz alternativo e poder judiciário*. 2. ed. Florianópolis: Conceito Editorial, 2008.

ARENDT, Hannah. *Responsabilidade e julgamento*. São Paulo: Companhia das Letras, 2003.

ARISTÓTELES. *Ética a Nicômaco*. Tradução: Pietro Nasseti. 3. ed. São Paulo: Martin Claret, 2001.

ÁVILA, Humberto. *Teoria dos princípios* — da definição à aplicação dos princípios jurídicos. 2. ed. São Paulo: Malheiros Editores, 2003.

BARCELLOS, Ana Paula de. *Eficácia jurídica dos princípios constitucionais* — princípio da dignidade da pessoa humana. Rio de Janeiro — São Paulo: Renovar, 2002.

BARROSO, Luís Roberto. *O direito constitucional e a efetividade de suas normas* — limites e possibilidades da Constituição brasileira. 7. ed. atualizada. Rio de Janeiro — São Paulo: Renovar, 2003.

BEDAQUE, José Roberto dos Santos. *Direito e processo* — influência do direito material sobre o processo. 6. ed. São Paulo: Malheiros, 2011.

BRANCO, Paulo Gustavo Gonet. Em busca de um conceito fugidio — o ativismo judicial. In: *As novas faces do ativismo judicial*. Rio de Janeiro: Lumen Juris, 2011.

BRITO, Rosa. A hermenêutica e o processo de construção do conhecimento. p. 3. In: *Revista Dialógica*. <www.ufam.edu.br>.

CALAMANDREI, Piero. *Coleção Ciência do Processo* — Instituições de Direito Processual Civil segundo o novo código, v. II, 2. ed. Campinas/SP: Bookseller, 2003.

_____. *Eles, os juízes, vistos por um advogado*. Tradução Eduardo Brandão. São Paulo: Martins Fontes, 2000.

CAPPELLETTI, Mauro. *Juízes irresponsáveis?* Tradução Carlos Alberto Alvaro de Oliveira. Porto Alegre: Sérgio Antonio Fabris Editor, 1989.

_____. *Juízes legisladores?* Tradução de Carlos Alberto Álvaro de Oliveira. Porto Alegre: Sérgio Antonio Fabris Editor, 1993/Reimpressão, 1999.

CARDOZO, Benjamin N. 4ª Conferência, denominada Adesão ao precedente.

CARNELUTTI, Francesco. *Direito processual civil e penal*. V. I. Campinas/SP; Peritas, 2001.

CASTRO, Flávia Lages de. *História do direito*. Geral e Brasil. 9. ed. Rio de Janeiro: Lumen Juris, 2011.

CHIOVENDA, Giuseppe. *Instituições de direito processual civil.* V. 1 — As relações processuais, A relação ordinária de cognição — Tradução do original Italiano — 2. ed. "Instituzioni di Diritto Processuale Civile" por Paulo Capitanio — Advogado, com anotações do Professor Enrico Tullio Liebman — Professor nas Faculdades de Direito de Parma (Itália) — 1. ed. Campinas/SP: Bookseller, 1998.

_____. *Instituições de direito processual civil.* V. 3. Campinas: Bookseller, 1998.

CITTADINO, Gisele. *Pluralismo, direito e justiça distributiva.* Elementos da filosofia constitucional contemporânea. 3. ed. Rio de Janeiro: Lumen Juris, 2004.

COELHO, Inocêncio Mártires. *Ativismo judicial ou criação judicial do direito?* As novas faces do ativismo judicial — Organizadores: André Luiz Fernandes Fellet, Daniel Giotti de Paula e Marcelo Novelino. Salvador/BA: JusPODIVM, 2011.

DWORKIN, Ronald. *O império do direito.* São Paulo: Martins Fontes, 1999.

ESPINDOLA, Ângela Araújo da Silveira; SANTOS, Igor Raatz dos. *O processo civil no Estado Democrático de Direito e a releitura das garantias constitucionais:* entre a passividade e o protagonismo judicial, (ISSN Eletrônico 2175-0491)

FISS, Owen. *Um novo processo civil* — estudos norte-americanos sobre jurisdição, constituição e sociedade. Capítulo I — As forma de justiça. São Paulo: Revista dos Tribunais, 2004.

GADAMER, Hans-Georg. *Verdade e método I* — traços fundamentais de uma hermenêutica filosófica. 9. ed. Rio de Janeiro: Vozes. São Paulo: Editora Universitária São Francisco, 2008.

_____. *Verdade e método II* — traços fundamentais de uma hermenêutica filosófica. 9. ed. Rio de Janeiro: Vozes. São Paulo: Editora Universitária São Francisco, 2008.

GARAPON, Antoine. *O guardador de promessas* — justiça e democracia — com prefácio de Paul Ricoeur. Lisboa: Instituto Piaget, 1996.

GRONDIN, J. *Introdução à hermenêutica filosófica.* Tradução de Benno Dischinger. São Leopoldo: UNISINOS, 1999.

GUSMÃO, Paulo Dourado. *Filosofia do direito.* Rio de Janeiro: Forense, 1985.

HEIDEGGER, Martin. *Ser e tempo.* Rio de Janeiro: Vozes, 1989.

HOBBES, Thomas. *O leviatã.* Capílulo XIII — Da condição natural da humanidade no que diz respeito à sua felicidade e à desgraça. In: *Os grandes filósofos do direito.* Tradução Reinaldo Guarany. São Paulo: Martins Fontes; fevereiro de 2002. Org. Clarence Morris.

JASPERS, Karl. *Introdução ao pensamento filosófico.* Tradução de Leônidas Hegenberg e Octanny Silveira da Mota. 5. ed. São Paulo: Cultrix, 1965.

JR, Fredie Didier. Os três modelos de direito processual: inquisitivo, dispositivo e cooperativo. *Revista de Processo*; ano 36, v. 198. São Paulo, Revista dos Tribunais, agosto/2011

JUNIOR, Nelson Nery. *Princípios do processo na Constituição Federal.* 1. ed. revista, atualizada e ampliada com as novas Súmulas do STF (simples e vinculantes) e com análise sobre a relativização da coisa julgada. São Paulo: Revista dos Tribunais, 2010.

KANT, Immanuel. *Fundamentação da metafísica dos costumes e outros escritos* — Tradução: Leopoldo Holzbach. São Paulo: Martin Claret, 2005.

LOPES, José Reinaldo de Lima. *O direito na história*. 3 ed. São Paulo: Atlas, 2011.

MANCUSO, Rodolfo de Camargo. In: Prefácio da obra *Mediação nos conflitos civis*.

MARINONI, Luiz Guilherme. *Curso de processo civil* — V. 1 — Teoria geral do processo. São Paulo: Revista dos Tribunais, 2006.

_____. *Técnica processual e tutela dos direitos*. 2. ed. revista e atualizada. São Paulo: Revista dos Tribunais, 2008.

MENEZES, Gustavo Quintanilha Telles de. *A atuação do Juiz na direção do processo*. Rio de Janeiro: Forense, 2011.

MITIDIERO, Daniel. Direito fundamental ao processo justo. In: *Revista Magister de Direito Civil e Processual Civil*. V. 1 (jul./ago. 2004) Porto Alegre: Magister, 2004.

MOREIRA, José Carlos Barbosa. *Temas de direito processual*. Oitava série. Rio de Janeiro: Saraiva, 2004.

_____. Texto de palestra proferida no Rio de Janeiro, em 31-3-2001 (com o acréscimo de notas). Publicado em *Rev. de Proe.*, n. 105, *Rev. Síntese de Dir. Civ. e Proe. Civ.*, n. II, *Rev. de Dir. Renovar*, v. 20, *Rev. da Assoe. dos Proe. do Est. do RJ*, n. 11.

MORRIS, Clarence (Org.). *Os grandes filósofos do direito*. Tradução Reinaldo Guarany. São Paulo: Martins Fontes, fevereiro de 2002.

N118 NAÇÕES UNIDAS (ONU). Escritório contra drogas e crime (UNODC). Comentários aos princípios de bangalore de conduta judicial / escritório contra drogas e crime. Tradução de Marlon da Silva Malha, Ariane Emílio Kloth. Brasília: Conselho da Justiça Federal, 2008. 179 p. Título original: *Commentary on the bangalore principles of judicial* cdu 343.16:174.

NASCIMENTO, Rogério José Bento Soares do. *Lealdade processual:* elemento da garantia de ampla defesa em um processo penal democrático. Rio de Janeiro: Lumen Juris, 2011.

ORDOÑO, Maria José Bighetti. Juíza Titular da 52ª Vara do Trabalho de São Paulo, intitulado: Comissão de conciliação prévia: Solução ou coação? Retirado do site: <http://www.jcjcrato.ce.gov.br/imagens/artigoconcprevia.html>.

OST, François. *Júpiter, Hércules e Hermes:* três modelos de Juez. Tradução: Isabel Lifante Vidal.

PEDROSA, Ronaldo Leite. *Direito em história*. Rio de Janeiro: Lumen Juris, 2010.

PINHO, Humberto Dalla Bernardina de; PAUMGARTTEN, Michele Pedrosa. *A experiência ítalo-brasileira no uso da mediação em resposta à crise do monopólio estatal de solução de conflitos e a garantia do acesso à justiça*.

_____. *Mediação obrigatória:* um oxímoro jurídico e mero placebo para a crise do acesso à justiça.

PRADO, Lídia Reis de Almeida. *O juiz e a emoção* — aspectos da lógica da decisão judicial. 4. ed. Campinas/SP: Millennium, 2008.

RADBRUCH, Gustav. *Filosofia do direito*. Tradução e Prefácios do Professor L. Cabral de Moncada. 6. ed. revista e acrescida dos últimos pensamentos do Autor. Coimbra: Arménio Amado — Editor — Sucessor, 1979.

RESTA, Eligio. *O direito fraterno*. Tradução de Sandra Regina Martini Vial. Santa Cruz do Sul: Edunisc, 2004.

RICOEUR, Paul. *O justo 1* — justiça e verdade e outros estudos. Tradução Ivone C. Benedetti. São Paulo: Martins Fontes, 2008.

_____. *O justo 2* — justiça e verdade e outros estudos. Tradução Ivone C. Benedetti. São Paulo: Martins Fontes, 2008.

RODRIGUEZ, Américo Plá. *Princípios de direito do trabalho*. 3. ed. atualizada — 2ª tiragem. São Paulo: LTr, 2002.

Site do Supremo Tribunal Federal; <www.stf.jus.br>.

SPENGLER, Fabiana Marion. *O Estado-jurisdição em crise e a instituição do consenso:* por uma outra cultura no tratamento de conflitos. Tese de Doutorado apresentada à banca examinadora do Curso de Doutorado do Programa de Pós-Graduação em Direito da Universidade do Vale do Rio dos Sinos — UNISINOS. Orientador: Prof. Pós-Dr. José Luis Bolzan de Morais. São Leopoldo, novembro de 2007.

STRECK, Lenio Luiz. *Hermenêutica jurídica e(m) crise* — uma exploração hermenêutica da construção do Direito. 7. ed., revista e atualizada. Porto Alegre: Livraria do Advogado, 2007.

_____. *Verdade e consenso* — constituição, hermenêutica e teorias discursivas da possibilidade à necessidade de respostas corretas em Direito. 2. ed., revista e ampliada, 2ª tiragem. Rio de Janeiro: Lumen Juris, 2008.

VIANNA, Luiz Werneck (*et al.*). *A judicialização da política e das relações sociais no Brasil*. Rio de Janeiro: Revan, 1999.

WATANABE, Kazuo. *Da cognição no processo civil*. 2. ed., atualizada. Campinas: Bookseller, 2000.

WOLKMER, Antonio Carlos. *História do direito no Brasil*. 5. ed. Rio de Janeiro: Forense, 2010.

Produção Gráfica e Editoração Eletrônica: RLUX
Projeto de capa: FÁBIO GIGLIO
Impressão: COMETA GRÁFICA E EDITORA

LOJA VIRTUAL
www.ltr.com.br

BIBLIOTECA DIGITAL
www.ltrdigital.com.br

E-BOOKS
www.ltr.com.br